中学校学習指導要領(平成29年告示)解説

美術編

平成29年7月

文部科学省

まえがき

　文部科学省では，平成29年3月31日に学校教育法施行規則の一部改正と中学校学習指導要領の改訂を行った。新中学校学習指導要領等は平成33年度から全面的に実施することとし，平成30年度から一部を移行措置として先行して実施することとしている。

　今回の改訂は，平成28年12月の中央教育審議会答申を踏まえ，

① 教育基本法，学校教育法などを踏まえ，これまでの我が国の学校教育の実績や蓄積を生かし，子供たちが未来社会を切り拓くための資質・能力を一層確実に育成することを目指すこと。その際，子供たちに求められる資質・能力とは何かを社会と共有し，連携する「社会に開かれた教育課程」を重視すること。

② 知識及び技能の習得と思考力，判断力，表現力等の育成のバランスを重視する平成20年改訂の学習指導要領の枠組みや教育内容を維持した上で，知識の理解の質を更に高め，確かな学力を育成すること。

③ 先行する特別教科化など道徳教育の充実や体験活動の重視，体育・健康に関する指導の充実により，豊かな心や健やかな体を育成すること。

を基本的なねらいとして行った。

　本書は，大綱的な基準である学習指導要領の記述の意味や解釈などの詳細について説明するために，文部科学省が作成するものであり，中学校学習指導要領第2章第6節「美術」について，その改善の趣旨や内容を解説している。

　各学校においては，本書を御活用いただき，学習指導要領等についての理解を深め，創意工夫を生かした特色ある教育課程を編成・実施されるようお願いしたい。

　むすびに，本書「中学校学習指導要領解説美術編」の作成に御協力くださった各位に対し，心から感謝の意を表する次第である。

　平成29年7月

　　　　　　　　　　　　　　　　　　　　　文部科学省初等中等教育局長

　　　　　　　　　　　　　　　　　　　　　　　　　髙　橋　道　和

目次

● 第1章　総説 …………………………………………………… 1
　　1　改訂の経緯及び基本方針 ……………………………… 1
　　2　美術科改訂の趣旨と要点 ……………………………… 6

● 第2章　美術科の目標及び内容 …………………………… 9
　● 第1節　美術科の目標 …………………………………… 9
　　1　教科の目標 ……………………………………………… 9
　　2　学年の目標 …………………………………………… 21
　● 第2節　美術科の内容 ………………………………… 25
　　1　内容の構成 …………………………………………… 25
　　2　各領域及び〔共通事項〕の内容 …………………… 31

● 第3章　各学年の目標及び内容 ………………………… 52
　● 第1節　第1学年の目標と内容 ……………………… 52
　　1　目標 …………………………………………………… 52
　　2　内容 …………………………………………………… 56
　　3　内容の取扱い ………………………………………… 80
　● 第2節　第2学年及び第3学年の目標と内容 …… 82
　　1　目標 …………………………………………………… 82
　　2　内容 …………………………………………………… 86
　　3　内容の取扱い ……………………………………… 113

● 第4章　指導計画の作成と内容の取扱い ……………… 116
　　1　指導計画作成上の配慮事項 ……………………… 116
　　2　内容の取扱いと指導上の配慮事項 ……………… 125
　　3　安全指導 …………………………………………… 137
　　4　学校における鑑賞の環境づくり ………………… 138

- 付 録 …………………………………………… 141
  - 付録１：学校教育法施行規則（抄）………………… 142
  - 付録２：中学校学習指導要領　第１章　総則 …… 147
  - 付録３：中学校学習指導要領　第２章　第６節　美術 …… 154
  - 付録４：教科の目標,各学年の目標及び内容の系統表(中学校美術科) …… 160
  - 付録５：小学校学習指導要領　第２章　第７節　図画工作 …… 164
  - 付録６：教科の目標,各学年の目標及び内容の系統表(小学校図画工作科) …… 170
  - 付録７：中学校学習指導要領　第３章　特別の教科　道徳 …… 174
  - 付録８：「道徳の内容」の学年段階・学校段階の一覧表 …… 178

第1章
総　説

第1章　総説

● 1　改訂の経緯及び基本方針

(1) 改訂の経緯

　今の子供たちやこれから誕生する子供たちが，成人して社会で活躍する頃には，我が国は厳しい挑戦の時代を迎えていると予想される。生産年齢人口の減少，グローバル化の進展や絶え間ない技術革新等により，社会構造や雇用環境は大きく，また急速に変化しており，予測が困難な時代となっている。また，急激な少子高齢化が進む中で成熟社会を迎えた我が国にあっては，一人一人が持続可能な社会の担い手として，その多様性を原動力とし，質的な豊かさを伴った個人と社会の成長につながる新たな価値を生み出していくことが期待される。

　こうした変化の一つとして，人工知能（AI）の飛躍的な進化を挙げることができる。人工知能が自ら知識を概念的に理解し，思考し始めているとも言われ，雇用の在り方や学校において獲得する知識の意味にも大きな変化をもたらすのではないかとの予測も示されている。このことは同時に，人工知能がどれだけ進化し思考できるようになったとしても，その思考の目的を与えたり，目的のよさ・正しさ・美しさを判断したりできるのは人間の最も大きな強みであるということの再認識につながっている。

　このような時代にあって，学校教育には，子供たちが様々な変化に積極的に向き合い，他者と協働して課題を解決していくことや，様々な情報を見極め知識の概念的な理解を実現し情報を再構成するなどして新たな価値につなげていくこと，複雑な状況変化の中で目的を再構築することができるようにすることが求められている。

　このことは，本来，我が国の学校教育が大切にしてきたことであるものの，教師の世代交代が進むと同時に，学校内における教師の世代間のバランスが変化し，教育に関わる様々な経験や知見をどのように継承していくかが課題となり，また，子供たちを取り巻く環境の変化により学校が抱える課題も複雑化・困難化する中で，これまでどおり学校の工夫だけにその実現を委ねることは困難になってきている。

　こうした状況を踏まえ，平成26年11月には，文部科学大臣から新しい時代にふさわしい学習指導要領等の在り方について中央教育審議会に諮問を行った。中央教育審議会においては，2年1か月にわたる審議の末，平成28年12月21日に「幼稚園，小学校，中学校，高等学校及び特別支援学校の学習指導要領等の改善及び必要な方策等について（答申）」（以下「中央教育審議会答申」という。）を示した。

　中央教育審議会答申においては，"よりよい学校教育を通じてよりよい社会を創

る"という目標を学校と社会が共有し，連携・協働しながら，新しい時代に求められる資質・能力を子供たちに育む「社会に開かれた教育課程」の実現を目指し，学習指導要領等が，学校，家庭，地域の関係者が幅広く共有し活用できる「学びの地図」としての役割を果たすことができるよう，次の6点にわたってその枠組みを改善するとともに，各学校において教育課程を軸に学校教育の改善・充実の好循環を生み出す「カリキュラム・マネジメント」の実現を目指すことなどが求められた。

① 「何ができるようになるか」（育成を目指す資質・能力）
② 「何を学ぶか」（教科等を学ぶ意義と，教科等間・学校段階間のつながりを踏まえた教育課程の編成）
③ 「どのように学ぶか」（各教科等の指導計画の作成と実施，学習・指導の改善・充実）
④ 「子供一人一人の発達をどのように支援するか」（子供の発達を踏まえた指導）
⑤ 「何が身に付いたか」（学習評価の充実）
⑥ 「実施するために何が必要か」（学習指導要領等の理念を実現するために必要な方策）

これを踏まえ，平成29年3月31日に学校教育法施行規則を改正するとともに，幼稚園教育要領，小学校学習指導要領及び中学校学習指導要領を公示した。小学校学習指導要領は，平成30年4月1日から第3学年及び第4学年において外国語活動を実施する等の円滑に移行するための措置（移行措置）を実施し，平成32年4月1日から全面実施することとしている。また，中学校学習指導要領は，平成30年4月1日から移行措置を実施し，平成33年4月1日から全面実施することとしている。

(2) 改訂の基本方針

今回の改訂は中央教育審議会答申を踏まえ，次の基本方針に基づき行った。

①今回の改訂の基本的な考え方

ア 教育基本法，学校教育法などを踏まえ，これまでの我が国の学校教育の実践や蓄積を生かし，子供たちが未来社会を切り拓くための資質・能力を一層確実に育成することを目指す。その際，子供たちに求められる資質・能力とは何かを社会と共有し，連携する「社会に開かれた教育課程」を重視すること。

イ 知識及び技能の習得と思考力，判断力，表現力等の育成のバランスを重視する平成20年改訂の学習指導要領の枠組みや教育内容を維持した上で，知識の理解の質を更に高め，確かな学力を育成すること。

ウ 先行する特別教科化など道徳教育の充実や体験活動の重視，体育・健康に関する指導の充実により，豊かな心や健やかな体を育成すること。

②育成を目指す資質・能力の明確化

中央教育審議会答申においては，予測困難な社会の変化に主体的に関わり，感性を豊かに働かせながら，どのような未来を創っていくのか，どのように社会や人生をよりよいものにしていくのかという目的を自ら考え，自らの可能性を発揮し，よりよい社会と幸福な人生の創り手となる力を身に付けられるようにすることが重要であること，こうした力は全く新しい力ということではなく学校教育が長年その育成を目指してきた「生きる力」であることを改めて捉え直し，学校教育がしっかりとその強みを発揮できるようにしていくことが必要とされた。また，汎用的な能力の育成を重視する世界的な潮流を踏まえつつ，知識及び技能と思考力，判断力，表現力等をバランスよく育成してきた我が国の学校教育の蓄積を生かしていくことが重要とされた。

このため「生きる力」をより具体化し，教育課程全体を通して育成を目指す資質・能力を，ア「何を理解しているか，何ができるか（生きて働く「知識・技能」の習得）」，イ「理解していること・できることをどう使うか（未知の状況にも対応できる「思考力・判断力・表現力等」の育成）」，ウ「どのように社会・世界と関わり，よりよい人生を送るか（学びを人生や社会に生かそうとする「学びに向かう力・人間性等」の涵養）」の三つの柱に整理するとともに，各教科等の目標や内容についても，この三つの柱に基づく再整理を図るよう提言がなされた。

今回の改訂では，知・徳・体にわたる「生きる力」を子供たちに育むために「何のために学ぶのか」という各教科等を学ぶ意義を共有しながら，授業の創意工夫や教科書等の教材の改善を引き出していくことができるようにするため，全ての教科等の目標及び内容を「知識及び技能」，「思考力，判断力，表現力等」，「学びに向かう力，人間性等」の三つの柱で再整理した。

③「主体的・対話的で深い学び」の実現に向けた授業改善の推進

子供たちが，学習内容を人生や社会の在り方と結び付けて深く理解し，これからの時代に求められる資質・能力を身に付け，生涯にわたって能動的に学び続けることができるようにするためには，これまでの学校教育の蓄積を生かし，学習の質を一層高める授業改善の取組を活性化していくことが必要であり，我が国の優れた教育実践に見られる普遍的な視点である「主体的・対話的で深い学び」の実現に向けた授業改善（アクティブ・ラーニングの視点に立った授業改善）を推進することが求められる。

今回の改訂では「主体的・対話的で深い学び」の実現に向けた授業改善を進める際の指導上の配慮事項を総則に記載するとともに，各教科等の「第3　指導計画の作成と内容の取扱い」において，単元や題材など内容や時間のまとまりを見

通して，その中で育む資質・能力の育成に向けて，「主体的・対話的で深い学び」の実現に向けた授業改善を進めることを示した。

その際，以下の6点に留意して取り組むことが重要である。

ア 児童生徒に求められる資質・能力を育成することを目指した授業改善の取組は，既に小・中学校を中心に多くの実践が積み重ねられており，特に義務教育段階はこれまで地道に取り組まれ蓄積されてきた実践を否定し，全く異なる指導方法を導入しなければならないと捉える必要はないこと。

イ 授業の方法や技術の改善のみを意図するものではなく，児童生徒に目指す資質・能力を育むために「主体的な学び」，「対話的な学び」，「深い学び」の視点で，授業改善を進めるものであること。

ウ 各教科等において通常行われている学習活動（言語活動，観察・実験，問題解決的な学習など）の質を向上させることを主眼とするものであること。

エ 1回1回の授業で全ての学びが実現されるものではなく，単元や題材など内容や時間のまとまりの中で，学習を見通し振り返る場面をどこに設定するか，グループなどで対話する場面をどこに設定するか，児童生徒が考える場面と教師が教える場面をどのように組み立てるかを考え，実現を図っていくものであること。

オ 深い学びの鍵として「見方・考え方」を働かせることが重要になること。各教科等の「見方・考え方」は，「どのような視点で物事を捉え，どのような考え方で思考していくのか」というその教科等ならではの物事を捉える視点や考え方である。各教科等を学ぶ本質的な意義の中核をなすものであり，教科等の学習と社会をつなぐものであることから，児童生徒が学習や人生において「見方・考え方」を自在に働かせることができるようにすることにこそ，教師の専門性が発揮されることが求められること。

カ 基礎的・基本的な知識及び技能の習得に課題がある場合には，その確実な習得を図ることを重視すること。

④各学校におけるカリキュラム・マネジメントの推進

各学校においては，教科等の目標や内容を見通し，特に学習の基盤となる資質・能力（言語能力，情報活用能力，問題発見・解決能力等）や現代的な諸課題に対応して求められる資質・能力の育成のためには，教科等横断的な学習を充実することや，「主体的・対話的で深い学び」の実現に向けた授業改善を，単元や題材など内容や時間のまとまりを見通して行うことが求められる。これらの取組の実現のためには，学校全体として，児童生徒や学校，地域の実態を適切に把握し，教育内容や時間の配分，必要な人的・物的体制の確保，教育課程の実施状況に基

づく改善などを通して，教育活動の質を向上させ，学習の効果の最大化を図るカリキュラム・マネジメントに努めることが求められる。

　このため総則において，「生徒や学校，地域の実態を適切に把握し，教育の目的や目標の実現に必要な教育の内容等を教科等横断的な視点で組み立てていくこと，教育課程の実施状況を評価してその改善を図っていくこと，教育課程の実施に必要な人的又は物的な体制を確保するとともにその改善を図っていくことなどを通して，教育課程に基づき組織的かつ計画的に各学校の教育活動の質の向上を図っていくこと（以下「カリキュラム・マネジメント」という。）に努める」ことについて新たに示した。

⑤教育内容の主な改善事項

　このほか，言語能力の確実な育成，理数教育の充実，伝統や文化に関する教育の充実，体験活動の充実，外国語教育の充実などについて総則や各教科等において，その特質に応じて内容やその取扱いの充実を図った。

2 美術科改訂の趣旨と要点

(1) 改訂の趣旨

中央教育審議会答申では，小学校図画工作科，中学校美術科及び高等学校芸術科（美術，工芸）における成果と課題について，次のように示されている。

○ 図画工作科，美術科，芸術科（美術，工芸）においては，創造することの楽しさを感じるとともに，思考・判断し表現するなどの造形的な創造活動の基礎的な能力を育てること，生活の中の造形や美術の働き，美術文化に関心を持って，生涯にわたり主体的に関わっていく態度を育むこと等に重点を置いて，その充実を図ってきたところである。

○ 一方で，感性や想像力等を豊かに働かせて，思考・判断し，表現したり鑑賞したりするなどの資質・能力を相互に関連させながら育成することや，生活を美しく豊かにする造形や美術の働き，美術文化についての実感的な理解を深め，生活や社会と豊かに関わる態度を育成すること等については，更なる充実が求められるところである。

これらの成果と課題を受け，各教科等における改訂の具体的な方向性については，中学校美術科との関連では次のように示されている。

・ 感性や想像力等を働かせて，表現したり鑑賞したりする資質・能力を相互に関連させながら育成できるよう，内容の改善を図る。
・ 生活を美しく豊かにする造形や美術の働き，美術文化についての理解を深める学習の充実を図る。

中学校学習指導要領の美術科は，以上のような改訂の具体的な方向性に基づき，改訂を行った。主な改訂の要点は，次のとおりである。

(2) 改訂の要点

① 目標の改善

目標は，次のような視点を重視して改善を図る。

教科の目標では，美術は何を学ぶ教科なのかということを明示し，感性や想像力を働かせ，造形的な視点を豊かにもち，生活や社会の中の美術や美術文化と豊かに関わる資質・能力を育成することを一層重視する。そのため，育成を目指す資質・能力を明確にし，生徒の発達の段階や特性等を踏まえつつ，(1)「知識及び

技能」，(2)「思考力，判断力，表現力等」，(3)「学びに向かう力，人間性等」の三つの柱で整理し，これらが実現できるよう以下のように目標を示した。

(1)「知識及び技能」については，造形的な視点を豊かにするために必要な知識と，表現における創造的に表す技能に関するもの。

(2)「思考力，判断力，表現力等」については，表現における発想や構想と，鑑賞における見方や感じ方などに関するもの。

(3)「学びに向かう力，人間性等」については，学習に主体的に取り組む態度や美術を愛好する心情，豊かな感性や情操などに関するもの。

教科の目標では，これらの(1)，(2)，(3)を相互に関連させながら育成できるように整理した。

② 内容の改善

教科の目標の改善に基づき内容を整理するとともに，次のような視点を重視して改善を図る。

ア 表現領域の改善

「A表現」の内容を育成する資質・能力を一層明確にする観点から，「(1) 表現の活動を通して，次のとおり発想や構想に関する資質・能力を育成する。」，「(2) 表現の活動を通して，次のとおり技能に関する資質・能力を育成する。」とし，項目を発想や構想に関する資質・能力と技能に関する資質・能力の二つの観点から整理する。

主体的で創造的な表現の学習を重視し，「A表現」(1)において，「ア 感じ取ったことや考えたことなどを基にした発想や構想」及び「イ 目的や機能などを考えた発想や構想」の全ての事項に「主題を生み出すこと」を位置付け，表現の学習において，生徒自らが強く表したいことを心の中に思い描き，豊かに発想や構想をすることを重視して改善を図った。

イ 鑑賞領域の改善

「B鑑賞」の内容を，アの「美術作品など」に関する事項と，イの「美術の働きや美術文化」に関する事項に分けて示した。アの「美術作品など」に関する事項では，「A表現」の絵や彫刻などの感じ取ったことや考えたことなどを基にした表現と，デザインや工芸などの目的や機能などを考えた表現との関連を図り，これら二つの視点から分けて示し，特に発想や構想に関する資質・能力と鑑賞に関する資質・能力とを総合的に働かせて「思考力，判断力，表現力等」を育成することを重視した。イの「美術の働きや美術文化」に関する事項

では,生活や社会と文化は密接に関わっていることや,社会に開かれた教育課程を推進する観点などから,従前の生活を美しく豊かにする美術の働きに関する鑑賞と,美術文化に関する鑑賞を大きく一つにまとめた。

ウ 〔共通事項〕の改善

感性や造形感覚などを高めていくことを一層重視し,〔共通事項〕を造形的な視点を豊かにするために必要な知識として整理し,表現や鑑賞の学習に必要となる資質・能力を育成する観点から改善を行った。加えて「内容の取扱い」において,〔共通事項〕の指導に当たって,生徒が多様な視点から造形を豊かに捉え実感を伴いながら理解することができるように配慮事項を示した。

エ 各学年の内容の取扱いの新設

第1学年,第2学年及び第3学年のそれぞれに各学年の内容の取扱いを新たに示し,発達の特性を考慮して,各学年においての学習内容や題材に配する時間数を十分検討するとともに,「思考力,判断力,表現力等」を高めるために,言語活動の充実を図るようにする。

第2章　美術科の目標及び内容

第1節　美術科の目標

●1　教科の目標

　教科の目標は，小学校図画工作科における学習経験と，そこで培われた豊かな感性や，表現及び鑑賞に関する資質・能力などを基に，中学校美術科に関する資質・能力の向上と，それらを通した人間形成の一層の深化を図ることをねらいとし，高等学校芸術科美術，工芸への発展を視野に入れつつ，目指すべきところを総括的に示したものである。

> 　表現及び鑑賞の幅広い活動を通して，造形的な見方・考え方を働かせ，生活や社会の中の美術や美術文化と豊かに関わる資質・能力を次のとおり育成することを目指す。
> (1) 対象や事象を捉える造形的な視点について理解するとともに，表現方法を創意工夫し，創造的に表すことができるようにする。
> (2) 造形的なよさや美しさ，表現の意図と工夫，美術の働きなどについて考え，主題を生み出し豊かに発想し構想を練ったり，美術や美術文化に対する見方や感じ方を深めたりすることができるようにする。
> (3) 美術の創造活動の喜びを味わい，美術を愛好する心情を育み，感性を豊かにし，心豊かな生活を創造していく態度を養い，豊かな情操を培う。

(1) 教科の目標について

　教科の目標は，教科で何を学ぶのかを明確に示すとともに，具体的に育成することを目指す資質・能力を(1)「知識及び技能」，(2)「思考力，判断力，表現力等」，(3)「学びに向かう力，人間性等」の三つの柱で整理した。教科の目標の実現に向けては，これらの(1)，(2)，(3)を相互に関連させながら育成できるよう確かな実践を一層推進していくことが求められる。

〇「表現及び鑑賞の幅広い活動を通して」について

　美術の創造活動は，生徒一人一人が自分の心情や考えを生き生きとイメージし，それを造形的に具体化する表現の活動と，表現されたものや自然の造形などを自分の目や体で直接捉え，よさや美しさなどを主体的に感じ取り，作者の心情や美術文

化などについて考えるなどして見方や感じ方を深める鑑賞の活動とがある。

　表現においては，発想や構想に関する項目と技能に関する項目に大きく二つに分けて整理し，これらを組み合わせて題材を設定するようにした。さらに発想や構想に関する項目については，「感じ取ったことや考えたこと」などを基にした発想や構想と，「伝える，使うなどの目的や機能」などを考えた発想や構想に分けて内容を示した。また，発想や構想に関する資質・能力を育成する項目の全ての事項に「主題を生み出すこと」を位置付け，生徒自らが強く表したいことを心の中に思い描き，発想し構想を練り，生み出した主題を追求して表現することを重視した。

　鑑賞においては，「美術作品など」に関する事項と，「美術の働きや美術文化」に関する事項に大きく二つに分けて整理し，自分の見方や感じ方を大切にしながら主体的に造形的なよさや美しさなどを感じ取ったり，作者の心情や表現の意図と工夫，美術の働きや美術文化について考えたりすることを基本としている。ここでは，古来，人々が大切にしてきたものや価値に気付き，人間が営々としてつくりだし，継承してきた美術作品や文化とその精神などを味わい理解し，それらを尊重する態度を育てることが重要である。同時に，生活や社会を美しく豊かにする美術の働きなどについて実感を伴いながら見方や感じ方を深めていくことが大切である。指導に当たっては，学習のねらいに応じて指導事項を組み合わせて題材を設定するなどし，鑑賞に関する学習の充実を図っていくことが重要である。その際，美術作品だけではなく自然や身の回りの環境，事物も含め，幅広く鑑賞の対象を捉えさせ，美術が生活や社会において重要な役割を果たしていることを実感できるような学習を充実させる必要がある。

○「造形的な見方・考え方を働かせ」について

　造形的な見方・考え方とは，美術科の特質に応じた物事を捉える視点や考え方として，表現及び鑑賞の活動を通して，よさや美しさなどの価値や心情などを感じ取る力である感性や，想像力を働かせ，対象や事象を造形的な視点で捉え，自分としての意味や価値をつくりだすことが考えられる。今回の改訂では，造形的な視点を豊かにもって対象や事象を捉え，創造的に考えを巡らせる資質・能力の育成を重視している。

　造形的な視点とは，造形を豊かに捉える多様な視点であり，形や色彩，材料や光などの造形の要素に着目してそれらの働きを捉えたり，全体に着目して造形的な特徴などからイメージを捉えたりする視点のことである。

　私たちは日々，様々な形や色彩などに出合いながら生活している。身の回りには形や色彩などの造形の要素が働き，それらが複雑に組み合わさり様々なイメージをつくりだしている。同じものを見てもよさや美しさを感じる人もいれば，そうでな

い人もいるように，どれだけ多くのよさや美しさが自分の身近な生活の中にあったとしても，造形的な視点がなければ気付かずに通り過ぎてしまう。そして，よさや美しさなどの価値や心情などを感じ取る力も十分に育っていかないものである。

　美術科の学習は，様々な形や色彩などの造形と，想像や心，精神，感情などの心の働きとが，造形の要素を介して行き来しながら深められる。造形的な視点をもつことで，漠然と見ているだけでは気付かなかった身の回りの形や色彩などの働きに気付いたり，よさや美しさなどを感じ取ったりすることができるようになる。造形的な視点とは，美術科ならではの視点であり，教科で育てる資質・能力を支える本質的な役割を果たすものである。

　造形的な見方・考え方を働かせるためには，表現及び鑑賞のそれぞれの活動において，このような造形的な視点を基に，どのような考え方で思考するかということを一人一人の生徒にしっかりともたせるようにすることが必要である。例えば，「A表現」(1)では，アの事項は，自己の表したいことを重視して発想や構想をするのに対して，イの事項は，目的や機能などを踏まえて発想や構想をするなど，発想や構想の考え方には違いがある。それぞれの事項の学習を深めるためには，その事項においてどのような考え方で思考し，発想や構想をしていくのかということを生徒自身が理解し自覚できるようにすることが大切である。そして造形的な見方・考え方を働かせることは，生涯にわたって生活や社会の中の美術や美術文化と豊かに関わる資質・能力の育成につながるものである。

○「生活や社会の中の美術や美術文化と豊かに関わる資質・能力」について

　美術科においては，これまで，創造活動の喜びを味わい，美術を愛好する心情を育てるとともに，感性や美術の創造活動の基礎的な能力を育てること，美術文化の理解を深め，豊かな情操を養うことなどから目標を示してきた。しかし，中学校を卒業したときにどのような資質・能力が身に付き，何ができるようになるのかが具体的な姿として分かりにくい側面もあった。

　今回の改訂では，生活や社会の中の美術や美術文化と豊かに関わることができる生徒の姿を念頭に置いて育成を目指す資質・能力を具体的に示すようにした。

　生活や社会の中の美術や美術文化と豊かに関わる資質・能力とは，造形的な視点を豊かにもち，生活や社会の中の形や色彩などの造形の要素に着目し，それらによるコミュニケーションを通して，一人一人の生徒が自分との関わりの中で美術や美術文化を捉え，生活や社会と豊かに関わることができるようにするための資質・能力のことである。

　生活や社会の中での美術や美術文化への関わり方には様々なことが考えられる。例えば，美術に専門的に関わる人もいれば，余暇に絵や陶芸を制作したり美術館で

鑑賞に親しんだり，美術の文化遺産を見るために寺社や博物館などを訪れたりする人もいる。また，生活の中で美しく分かりやすいウェブページやチラシのデザインを考えたり，ものを選んだり飾ったりするときに形や色彩に思い入れをもったりする人もいる。日常の中にある建物や街並みなどの人工的な造形に心を動かしたり，紅葉や夕日などの自然の造形を見て美しさを感じ取り味わったり，写真に残したりする人もいる。

このように，生活の中で造形的な視点をもって身の回りの様々なものからよさや美しさなどを感じ取ったり，形や色彩などによるコミュニケーションを通して多様な文化や考え方に接して思いを巡らせたりすることで心豊かな生活を形成することにつながっていくものである。

これらの学びは，これまで美術科で重視してきた，①美的，造形的表現・創造，②文化・人間理解，③心の教育の視点からも捉えることができる。このような考えに立って，全ての生徒に美術の学習を通して共通に身に付けさせる資質・能力を一層明確にした。

(2) 教科の目標の(1)，(2)，(3)について

今回の改訂では，従前は一文で示してきた教科の目標を，美術科において育成を目指す資質・能力をより明確にするため(1)「知識及び技能」，(2)「思考力，判断力，表現力等」，(3)「学びに向かう力，人間性等」に整理し示している。

具体的には，(1)は，造形的な視点を豊かにするために必要な知識と，表現における創造的に表す技能に関する目標，(2)は，表現における発想や構想と，鑑賞における見方や感じ方などに関する目標，(3)は，学習に主体的に取り組む態度や美術を愛好する心情，豊かな感性や情操などに関する目標について示している。

美術科で目指す資質・能力の育成は，目標に示されている(1)，(2)，(3)が相互に関連し合い，一体となって働くことが重要である。よって，必ずしも，別々に分けて育成したり，「知識及び技能」を習得してから「思考力，判断力，表現力等」を身に付けるといった順序性をもって育成したりするものではないことに留意する必要がある。

教科の目標(1)

> (1) 対象や事象を捉える造形的な視点について理解するとともに，表現方法を創意工夫し，創造的に表すことができるようにする。

　ここでは，育成することを目指す「知識及び技能」について示している。前半部分は，造形的な視点を豊かにするために必要な知識に関するもの，後半部分は，創造的に表す技能に関するものであり，教科の目標(1)は，この二つから構成されている。

○「対象や事象を捉える造形的な視点について理解する」について
　ここでは，造形的な視点を豊かにするために必要な知識について示している。
　今回の改訂では，美術科における知識として，具体的には〔共通事項〕の内容を示している。ここでの知識とは，単に新たな事柄として知ることや言葉を暗記することに終始するものではなく，生徒一人一人が表現及び鑑賞の活動の学習過程を通して，個別の感じ方や考え方等に応じながら活用し身に付けたり，実感を伴いながら理解を深めたりし，新たな学習過程を経験することを通して再構築されていくものである。
　対象や事象を捉えるとは，美術作品や造形物，自然物などや，生命感や心情，精神的・創造的価値などを認識することである。
　造形的な視点について理解するとは，形や色彩，材料や光などの造形の要素の働きや，造形的な特徴などを基にして心に思い浮かべる像や情景，ある物事について抱く全体の感じといったイメージなどを捉えるために必要となる視点について理解することである。ここでは，生徒が自分の感じ方で形や色彩の働きやイメージ，作品の傾向や特徴である作風などを捉えられるよう，表現及び鑑賞の活動を通して造形的な視点を豊かにするために必要な知識として実感を伴いながら理解できるようにすることが大切である。
　対象や事象を捉える造形的な視点について理解し，造形を豊かに捉えるような多様な視点をもてるようにするためには，生徒の実態や発達の特性などを考慮して，〔共通事項〕に示されている内容を「A表現」及び「B鑑賞」の指導と併せて十分な指導が行われるようにする必要がある。

○「表現方法を創意工夫し，創造的に表すことができるようにする」について
　ここでは，発想や構想をしたことを基に，材料や用具などを生かし工夫するなどして創造的に表す技能について示している。

表現方法を創意工夫しとは，発想や構想したことなどを基に，表現の意図に応じて様々な技能を応用したり，工夫を繰り返して自分の表現方法を見付け出したりすることである。**創造的に表すことができるようにする**とは，更に美しい，面白い表現を創出する技能を伸ばすことである。また，創意工夫し表すこと自体が挑戦しがいのある楽しい活動であることを実感することが，生徒自らの新たな創造の喜びにつながるものである。表現の学習では，発想や構想に関する資質・能力と創造的に表す技能とが相互に関連しながら育成されていくものであり，両者が関連しあって初めて，創造的な表現が可能になるのである。

教科の目標(2)

> (2) 造形的なよさや美しさ，表現の意図と工夫，美術の働きなどについて考え，主題を生み出し豊かに発想し構想を練ったり，美術や美術文化に対する見方や感じ方を深めたりすることができるようにする。

ここでは，育成することを目指す「思考力，判断力，表現力等」について示している。

美術科において育成する「思考力，判断力，表現力等」とは，表現の活動を通して育成する発想や構想に関する資質・能力と，鑑賞の活動を通して育成する鑑賞に関する資質・能力であり，教科の目標(2)は，大きくはこの二つから構成されている。

詳細に見ていくと，前半部分は，発想や構想と鑑賞の双方に重なる資質・能力を示している。中間部分は，発想や構想に関する資質・能力であり，豊かに発想し，創造的な表現の構想を練ったり再度練り直したりする資質・能力を示している。後半部分は，鑑賞に関する資質・能力であり，造形的なよさや美しさなどを感じ取ったり表現の意図と工夫などについて考えたりするなどの見方や感じ方に関する資質・能力を示している。

○「造形的なよさや美しさ，表現の意図と工夫，美術の働きなどについて考え」について

この部分は，発想や構想と鑑賞の双方に重なる資質・能力を示している。**造形的なよさや美しさ**とは，形や色彩などから感じるよさや美しさとともに外形には見えない本質的なよさや美しさなどのことである。**表現の意図と工夫**とは，作品に込められた作者の心情や表現の意図と工夫などのことである。また，**美術の働きなど**とは，身の回りにある自然物や人工物の形や色彩，材料などの生活や社会を心豊かに

する造形や美術の働きなどについて示している。これらは，発想や構想をする際にも，鑑賞をする際にも働く中心となる考えを示している。

「思考力，判断力，表現力等」をより豊かに育成するためには，発想や構想と鑑賞に関する資質・能力を総合的に働かせて学習が進められるようにすることが大切である。例えば，伝達のデザインとしてピクトグラムを制作する題材について考えると，ピクトグラムを描くこと自体が学習の中心ではない。ここでの学習の中心となるものは，目的や条件などを基に，他者や社会に形や色彩などを用いて美しく分かりやすく伝える生活や社会の中でのデザインの働きなどについて考えることである。これらはピクトグラムを発想や構想をするときも，鑑賞するときにも働く中心となる考えといえる。このような共通に考える内容が不明確なままでは，作品を制作すること自体が目的化してしまい，発想や構想が深まりにくいだけでなく，鑑賞は描くための参考として作品を見る程度にとどまり，鑑賞の活動が単なる発想や構想の補助的な役割として終わってしまう恐れがある。

発想や構想に関する資質・能力や鑑賞に関する資質・能力を育成する観点から，造形的なよさや美しさ，表現の意図と工夫，美術の働きなどの学習の中心になる考えを明確にすることにより，鑑賞したことが発想し構想を練るときに生かされ，また発想や構想をしたことが鑑賞において見方や感じ方に関する学習に生かされるようになることが大切である。学習を終えたとき，「ピクトグラムを描いた」ことだけが生徒の中に学びとして残るのではなく，形や色彩などの造形の要素の働きによって気持ちや情報を伝えることができ，伝える相手や場面などに応じて，より効果的に伝えるためには何が大切かという考え方を学びとして身に付けられるようにすることが重要である。このようなそれぞれの資質・能力が相互に関連して働くようにすることを積み重ねることが，より豊かで創造的な「思考力，判断力，表現力等」の育成につながると考えられる。

〇「主題を生み出し豊かに発想し構想を練る」について

ここでは，主題を基に表現の構想を練る発想や構想に関する資質・能力について示している。

主題を生み出しとは，生徒自らが感じ取ったことや考えたこと，目的や条件などを基に「自分は何を表したいのか，何をつくりたいのか，どういう思いで表現しようとしているのか」など，強く表したいことを心の中に思い描くことであり，独創的で個性豊かな発想や構想をする際に基盤になるものである。

今回の改訂では，学ぶことに興味や関心をもち，見通しをもって粘り強く取り組み，自己の学習活動を振り返って次につなげる「主体的な学び」の実現が求められている。「A表現」の活動において主題を生み出すことはこのことからも重要な役

割をもっている。

　豊かに発想し構想を練るとは，生徒が自ら生み出した主題を基に対象を再度深く見つめたり内面や本質を捉え直したりして，自分の思いや願い，他者への気持ち，分かりやすさ，よさや美しさ，あこがれなどを考えながら豊かに発想し構想を練ることである。表現活動の喜びは，人とは違う自分独自の満足できる発想や構想を生み出すことができたときに特に強く感じられる。そのため題材では，画一的な表現をするのではなく，生徒の多様な個性やよさが伸ばせるように工夫することが求められる。それぞれの生徒が形や色彩などの造形の要素の働きやイメージなどを豊かに捉えながら美的，創造的な構成を考える学習活動を展開することが，より深い「思考力，判断力，表現力等」を育成することにつながるのである。

○「美術や美術文化に対する見方や感じ方を深める」について

　ここでは，造形的なよさや美しさを感じ取ったり，表現の意図と工夫，美術の働きや美術文化などについて考えたりして，見方や感じ方を深める鑑賞に関する資質・能力について示している。

　ここでの**美術**とは，単に美術作品だけを指しているのではなく，美術科で学習する自然の造形や身の回りの環境，事物なども含めた幅広い内容を示している。鑑賞の学習では，自分の見方や感じ方を大切にしながら主体的に造形的なよさや美しさなどを感じ取ることを基本としている。そして生徒自身が自然の造形や美術作品などに働きかけ，豊かに関わることを通して，自分の中に新しい意味や価値をつくりだす創造活動である。

　また**美術文化**については，材料・技術・方法・様式などによって美を追求・表現しようとする美術の活動や所産など，人間の精神や手の働きによってつくりだされた有形・無形の成果の総体として幅広く捉えることが大切である。そしてそれは現代の生活や社会の中の美術の働きとも大きく関わり，つながっているものである。私たちの身の回りには，美術作品だけでなく伝統工芸や文化遺産，さらには自然物や人工物なども含めて美術や美術文化として捉えることができる対象が多く存在する。これらに対する見方や感じ方を深めることは，人間が豊かな生活や社会を創造する上でなくてはならないことである。また，グローバル化が進む中，これからの国際社会で活躍する日本人を育成するためには，我が国や郷土の伝統や文化を受け止め，そのよさを継承・発展させるための教育や，異なる文化や歴史に敬意を払い，人々と共存してよりよい社会を形成していこうとするための教育を一層充実する必要がある。

　美術においては，古くからの美術作品や生活の中の様々な用具や造形などが具体的な形として残されており，受け継がれてきたものを鑑賞することにより，その国

や時代に生きた人々の美意識や創造的な精神などを直接感じ取ることができる。それらを踏まえて現代の美術や文化を捉えることにより，文化の継承と創造の重要性を理解するとともに，美術を通した国際理解にもつながることになる。以上のことから，美術科は文化に関する学習において中核をなす教科の一つであるといえる。

見方や感じ方を深めるとは，鑑賞の視点を豊かにし，対象や事象の見方や感じ方を深めることである。中学生は心身ともに成長し，大人に近づく時期でもある。第1学年の時に感じられなかったことが，第3学年になると感じられるようになることもある。見方や感じ方を深めるためには，このような発達の特性を考慮し，その時期の見方や感じ方を大切にすることが求められる。また，造形的なよさや美しさを感覚的に感じるだけに終わるのではなく，感じ取ったことを基に，作者の心情や表現の意図と工夫，生活や社会の中の美術の働きや美術文化などについて考えることで，見方や感じ方はより深められる。

教科の目標(3)

> (3) 美術の創造活動の喜びを味わい，美術を愛好する心情を育み，感性を豊かにし，心豊かな生活を創造していく態度を養い，豊かな情操を培う。

ここでは，育成することを目指す「学びに向かう力，人間性等」について示している。

教科の目標(1)及び(2)に関する資質・能力を，どのような方向性で働かせていくかを決定付ける重要な要素である。主体的に美術の学習に取り組む態度も含めた学びに向かう力や，美術の創造活動の喜び，形や色彩などによるコミュニケーションを通して生活や社会と主体的に関わること，美術文化の継承と創造に向かう態度，豊かな感性や情操など，情意や態度等に関するものが含まれる。このような美術科における学びに向かう力や人間性等を育んでいくためには，一人一人の生徒が，自己の生き方との関わりの中で，表現及び鑑賞に関する資質・能力を身に付け，学んだことの意義を実感できるような学習活動を充実させていくことが重要となる。

○「美術の創造活動の喜びを味わい」について

創造活動は，新しいものをつくりだす活動であり，創造活動の喜びは美術の学習を通して生徒一人一人が楽しく主体的，個性的に自己を発揮したときに味わうことができる。

すなわち，表現の活動においては，ただ自由に表現するということではなく，自己の心情や考え，他者への思いや願い，イメージ，知識などを基に自分が表現した

い主題をしっかりと意識して考え，それぞれの考えを交流するなどして深めながら自分の表現方法で作品として実体化されたときに実感することができる。また，鑑賞の活動においては，作品などを自分の見方や感じ方に基づいて感性や想像力を働かせて見つめたり，対話的な活動を通して新たな価値と出合ったりする中で，美術や美術文化などに対する見方が深まり，新たな発見や感動をしたり，自分としての新しい意味や価値をつくりだしたりしたときに実感することができる。このように創造活動の喜びは，このような活動の主体者の内面に重点を置いた活動を展開する中で，新しいものをつくりだしたいという意欲とそれを実現するための資質・能力が調和して働いたときに豊かに味わうことができるようになるものである。

　美術はこのような表現の活動や鑑賞の活動を美と創造という観点から追求していく学習であり，それらを実感していく喜びは，充実感や成就感を伴うものとして特に大切にする必要がある。また，創造したものが心や生活に潤いをもたらしたり役立ったり，他者に認められたりしたときも創造活動の喜びや自己肯定感を強く感じるものである。したがって，美術の創造活動の喜びは，美術の表現及び鑑賞の全過程を通して味わわせることを目指している。

○「美術を愛好する心情を育み」について

　愛好する心情を育むためには，一人一人の生徒がやりたいことを見付け，そのことに自らの生きる意味や価値観をもち，自分にしかない価値をつくりだし続ける意欲をもたせることが重要である。したがって，美術を愛好していくには「楽しい」，「美にあこがれる」，「考える」，「時の経つのを忘れて夢中になって取り組む」，「目標の実現に向かって誠実で忍耐強く自己努力をする」，「絶えずよりよい創造を目指す」「他者の考えを認め合う」などの感情や主体的な態度を養うことが大切である。同時に，具体的に表現や鑑賞をするための発想や構想に関する資質・能力，創造的に表す技能，鑑賞に関する資質・能力などが求められ，愛好していく過程でそれらが一層高められる。

　このように，美術を愛好する心情は，美術を好み楽しむことをはじめ，生活における心の潤いと生活を美しく改善していく心や豊かな人間性と精神の涵養に寄与するものである。表現の活動においては，創造する喜びとつくりだした満足感や自信が更に高い課題意識を湧出させ，自己挑戦していく強い意志と愛好心につながっていくようにすることを目指している。鑑賞の活動においては，自分の見方や感じ方を大切にし，様々な美術作品や美術文化，自然や現象などに触れ，味わい，理解することが美術を愛好することに深く関わることから，鑑賞の楽しみ方を身に付け，時代や地域における文化の違いによる表現の違いやよさの理解などを深め，鑑賞の活動を愛好し心豊かな生活を創造していく態度を形成していくことを目指している。

○「感性を豊かにし」について

　美術科で育成する感性とは，様々な対象や事象からよさや美しさなどの価値や心情などを感じ取る力であり，知性と一体化して人間性や創造性の根幹をなすものである。また感性は，創造活動において，対象や事象を捉えたり思考・判断やイメージをしたりするときの基になる力として働くものである。美術科は特に，対象や事象のもつ美しさや生命感，心情，精神的・創造的価値といったものについての感性を中核としており，目に見えるものや，目に見えない想像や心，夢，精神，感情，イメージといったものを可視化・可触化できる教科である。変化の激しい現代社会での生活においては，どのような未来を創っていくのか，どのように社会や人生をよりよいものにしていくのかということを創造的に考え，心豊かにたくましく生きていく観点からも感性の育成の重要性が認められる。美術において感性を育てることは，豊かな心や人間性を育み，社会や人生の在り方を創造的に考えていく観点から極めて大きな意味をもっている。

　対象や事象からよさや美しさなどの価値や心情などを感じ取る力を育成するためには，表現や鑑賞の活動を通して視覚や触覚などを十分に働かせ，これまでの表現や鑑賞の活動の経験なども生かして，造形の要素に着目してそれらの働きを捉えたり，全体に着目して造形的な特徴などからイメージを捉えたりする造形的な視点を豊かにする学習が重要となる。また，感性はその時代，国や地域などに見られる美意識や価値観，文化などの影響を受けながら育成されることから，特に鑑賞では，作品や作風，多様な美術文化，時代や地域の特徴などから，そのよさや美しさ，作者の心情やそれらを大切に守り，現代まで受け継いできた人々の気持ちや生き方，感謝や畏敬の念及び様々な国や地域の人々が共通にもっている美に対するあこがれや親しみなどを文化的な視点から感じ取ったり考えたりする学習を積み重ねることが大切である。

○「心豊かな生活を創造していく態度を養い」について

　私たちは，生活や社会の中で，動植物，風景，四季や自然現象，日用品を含む工芸品などの自然や環境，生活に見られる造形などから，日々，美術の働きに恩恵を受けたり実感したりしながら生きている。心豊かな生活を創造していく態度を養いとは，学校生活だけでなく，学校外の生活や将来の社会生活も見据え，生活や社会を造形的な視点で幅広く捉え，美術の表現や鑑賞に親しんだり，生活環境を美しく飾ったり構成したりするなどして，心潤う生活を創造しようとする態度を養うことである。

　表現や鑑賞の活動を通して，造形的な見方・考え方を働かせ，多様な価値観を形成する美術科は，人々の生活と密接に関係する教科である。教科としての学びを実

生活や実社会とつなげ，生かしていく中で，これまで気付かなかった美術の働きがどれほど豊かなものかということについて実感できるようにすることが重要である。したがって，美術科の授業の内容を学校内で閉じることなく，生活や社会とつなげて関わりをもたせ，気付かせる工夫をしながら，主体的に生活や社会の中で美術を生かし，創造していく態度を養うことが重要である。

○「豊かな情操を培う」について

情操とは，美しいものや優れたものに接して感動する，情感豊かな心をいい，情緒などに比べて更に複雑な感情を指すものとされている。

特に美術科では，美しいものやよりよいものにあこがれ，それを求め続けようとする豊かな心の働きに重点を置いている。それは，知性，感性，徳性などの調和の上に成り立ち，豊かな精神や人間としての在り方・生き方に強く影響していくものである。美術の活動は，創造的な体験の中で感性を豊かにし，表現及び鑑賞に関する資質・能力を伸ばし，美意識を高め，自己の世界として意味付けをし，多様性を理解し自らの夢や可能性の世界を広げていくことから，豊かな情操を培う上で極めて重要な役割をもつものである。

情操を培うためには，造形的な視点を豊かにもち，表現の活動においては，対象や事象を深く観察し，感じ取ったよさや美しさなどや，自らの心の中を見つめそこから湧出した感情や夢などを，自分の表したい感じや気持ちを大切にして描いたり，他者の立場に立って使いやすく美しいものをつくり，生活や社会の中の美術の働きを考えたりするなど，思いを巡らせながら創造的に学習を進めることが重要である。また，鑑賞の活動においては，自然や美術作品などのよさや美しさ，美術の働きや美術文化の創造の知恵や仕事への共感・感動などを味わうことを通して情操を豊かに涵養することなどが大切になる。

このような美術の学習は，主体的な創造活動を通して，造形的な視点を豊かにもち，心を生き生きと働かせて，自己実現を果たしていく中でよいものや美しいものをつくりだす喜びを実感的に味わうことにより，よさや美しさを自分の中で大事な価値とし，それらにあこがれる心が一層豊かに育っていくことになる。

2　学年の目標

　学年の目標は,教科の目標の実現を図るため,生徒の発達の特性を考慮し,各学年における具体的な目標として示している。

　今回の改訂では,学年の目標を教科の目標の改善に基づいて整理した。各学年とも,(1)は,造形的な視点を豊かにするために必要な知識と表現における創造的に表す技能に関する目標,(2)は,表現における発想や構想と鑑賞における見方や感じ方に関する目標,(3)は,学習に主体的に取り組む態度や美術を愛好する心情,豊かな感性などに関する目標について示している。

　具体的には,(1)及び(2)は「A表現」,「B鑑賞」及び〔共通事項〕の指導事項に位置付けられているのに対応し,(3)は,それらを指導する中で,一体的,総合的に育てていくべきものである。したがって,表現及び鑑賞に関する資質・能力を育成する際には,それらの資質・能力を身に付けようとする意欲や態度や学んだことをよりよく生かそうとする姿勢などを併せて育てることが大切である。

　学年の系統性としては,第1学年では,内容に示す事項の定着を図ることを重視し,第2学年及び第3学年では,第1学年の内容に示す事項において身に付けた資質・能力を更に深めたり,柔軟に活用したりして,より豊かに高めるように構成している。

　なお,第2学年と第3学年では,学校や生徒の学びの実態に応じて,より主体的,創造的な活動を創意工夫できるように学年の目標をまとめて示している。指導に際しては,2学年間を見通し,学年間の関連を図るとともに,各学年段階における生徒の発達や必要な経験などを配慮しながら,それぞれの学年にふさわしい学習内容を選択して指導計画を作成し,目標の実現を目指す必要がある。

各学年の目標

第1学年	第2学年及び第3学年
(1) 対象や事象を捉える造形的な視点について理解するとともに,意図に応じて表現方法を工夫して表すことができるようにする。	(1) 対象や事象を捉える造形的な視点について理解するとともに,意図に応じて自分の表現方法を追求し,創造的に表すことができるようにする。
(2) 自然の造形や美術作品などの造形的なよさや美しさ,表現の意図と工夫,機能性と美しさとの調和,美術	(2) 自然の造形や美術作品などの造形的なよさや美しさ,表現の意図と創造的な工夫,機能性と洗練された美

の働きなどについて考え，主題を生み出し豊かに発想し構想を練ったり，美術や美術文化に対する見方や感じ方を広げたりすることができるようにする。	しさとの調和，美術の働きなどについて独創的・総合的に考え，主題を生み出し豊かに発想し構想を練ったり，美術や美術文化に対する見方や感じ方を深めたりすることができるようにする。
（3）楽しく美術の活動に取り組み創造活動の喜びを味わい，美術を愛好する心情を培い，心豊かな生活を創造していく態度を養う。	（3）主体的に美術の活動に取り組み創造活動の喜びを味わい，美術を愛好する心情を深め，心豊かな生活を創造していく態度を養う。

(1) 学年の目標(1)について

ここでは，育成することを目指す「知識及び技能」について示している。

各学年において育成する「知識及び技能」とは，具体的には，目標の前半部分の造形的な視点を豊かにするために必要な知識と，後半部分の創造的に表す技能であり，学年の目標(1)は，この二つから構成されている。

前半部分で示している知識については，各学年の表現及び鑑賞の活動を通して指導をすることにより，造形的な視点を豊かにすることにつなげていくことが重要である。すなわち，〔共通事項〕に示されている内容について，単に新たな事柄として知ることや言葉を暗記することに終始するのではなく，形や色彩などの性質や，それらが感情にもたらす効果，造形的な特徴などから全体のイメージや作風などで捉えることなどについて実感を伴いながら理解できるようにすることが大切である。

後半部分で示している技能については，一定の手順に沿って材料や用具の使い方などの個別の技能を身に付けるだけでなく，生徒自らが発想や構想したことを基に，自分の意図をよりよく表現するための創造的に表す技能を身に付けさせることが大切である。

これらの「知識及び技能」は，表現及び鑑賞の活動を通して育成する「思考力，判断力，表現力等」である，発想や構想に関する資質・能力や鑑賞に関する資質・能力と相互に関連しながら育成されていくことになる。そのため，造形の要素の働きや，全体のイメージや作風などで捉えることを理解することによって作品などに対する見方や感じ方を深めたり，創造的に表す技能を働かせて実際に形にしていく中で発想や構想を再度見直したり，構想を練る中で新たな表現方法を考えたりするなど，「思考力，判断力，表現力等」と相互に関連を図りながら身に付けられるようにすることが重要である。

(2) 学年の目標(2)について

ここでは，育成することを目指す「思考力，判断力，表現力等」について示している。

各学年において育成する「思考力，判断力，表現力等」とは，表現の活動を通して育成する発想や構想に関する資質・能力と，鑑賞の活動を通して育成する鑑賞に関する資質・能力であり，学年の目標(2)は，大きくはこの二つから構成している。

詳細に見ていくと，前半部分は，発想や構想と鑑賞の双方に重なる資質・能力を示している。中間部分は，発想や構想に関する資質・能力を，後半部分は，鑑賞に関する資質・能力を示している。

「思考力，判断力，表現力等」は，これらの発想や構想に関する資質・能力と鑑賞に関する資質・能力とが相互に関連して働くことで高まっていく。効果的にそれぞれの資質・能力を高めるためには，双方に働く中心となる考えを明確にすることが大切である。例えば，第1学年の自然の造形や美術作品などの造形的なよさや美しさや，表現の意図と工夫，機能性と美しさとの調和，美術の働きなどについて考えることは，発想や構想をする際も，鑑賞する際も双方に働く中心となる考えである。これらを学習のねらいに基づきながら明確にすることにより，それを軸に発想や構想をしたことが鑑賞に生かされ，鑑賞したことが発想や構想に生かされるようになる。このような双方に働く中心となる考えを軸に，それぞれの資質・能力が相互に関連して働くようにすることを積み重ねることが，より豊かで創造的な「思考力，判断力，表現力等」の育成につながっていくものである。

(3) 学年の目標(3)について

ここでは，育成することを目指す「学びに向かう力，人間性等」について示している。

各学年において育成する「学びに向かう力，人間性等」とは，主体的に美術の学習に取り組む態度や，美術を愛好する心情，豊かな感性などである。

「学びに向かう力，人間性等」を育んでいくためには，一人一人の生徒が，表現及び鑑賞に関する資質・能力を身に付け，社会や世界との関わりの中で，学んだことの意義を実感できるような学習活動を充実させていくことが重要となる。

主体的に美術の学習に取り組む態度とは，単に造形的な行為をすることが面白い，楽しいといったものだけではない。「A表現」，「B鑑賞」及び〔共通事項〕の各指導事項に関して，そこに示されている資質・能力を発揮しようとしたり，身に付けようとしたりすることへの態度のことである。同時に，一人一人の生徒が自己実現への目標をもち，造形的な見方・考え方を働かせて創造的に表現や鑑賞をしようと没頭し，創意工夫や作品などとの対話を重ねるといった誠実な努力の中で高められ

るものでもある。そして、これらの態度を養うことは、美術を愛好していく心情や、豊かな感性、心豊かな生活を創造していこうとする態度などの育成につながっていくことになる。

　各学年の目標(1)，(2)，(3)で育成を目指している資質・能力の三つの柱は、相互に関連し合い、一体となって働くことが重要であるため、必ずしも、別々に分けて育成したり、「知識及び技能」を習得してから「思考力，判断力，表現力等」を身に付けるといった順序性をもって育成したりするものではないことに留意する必要がある。

第2節　美術科の内容

1　内容の構成

　美術科の内容は,「A表現」,「B鑑賞」及び〔共通事項〕から構成している。今回の改訂においては,目標を「知識及び技能」,「思考力,判断力,表現力等」,「学びに向かう力,人間性等」の三つの柱に位置付けて示しているが,内容についてもこれに対応して,資質・能力を相互に関連させながら育成できるよう整理した。具体的には,「知識」は,〔共通事項〕,「技能」は,「A表現」(2)の指導事項に位置付けられている。「思考力,判断力,表現力等」は,「A表現」(1)及び「B鑑賞」(1)の指導事項に位置付けられている。「学びに向かう力,人間性等」は,「A表現」,「B鑑賞」及び〔共通事項〕を指導する中で,一体的,総合的に育てていくものである。

　「A表現」は,従前,(1)及び(2)は発想や構想に関する資質・能力を育成する項目,(3)は技能に関する資質・能力を育成する項目としていたが,今回の改訂では,発想や構想に関する項目を一つにまとめ,(1)を発想や構想に関する資質・能力を育成する項目,(2)を技能に関する資質・能力を育成する項目とした。そして,表現の学習においては,原則として(1)と(2)を組み合わせて題材を構成することとし,発想や構想に関する内容と技能に関する内容が学習のねらいとして一層明確に位置付けられるようにした。

　「B鑑賞」は,(1)の一項目で鑑賞に関する資質・能力を育成する指導内容を示し,項目内を「美術作品など」に関する事項と「美術の働きや美術文化」に関する事項に分けて整理した。「美術作品など」に関する事項では,特に発想や構想に関する学習と相互の関連が図れるように,感じ取ったことや考えたことなどを基にした表現に関する鑑賞と目的や機能などを考えた表現に関する鑑賞に分けて指導事項を整理した。「美術の働きや美術文化」に関する事項では,従前,「生活を美しく豊かにする美術の働きに関する鑑賞」と「美術文化に関する鑑賞」は事項を分けて示していたが,今回の改訂では,生活や社会と文化は密接に関わっていることや,社会に開かれた教育課程を推進する観点などから,指導事項を一つにまとめた上で,その中を二つに分けて整理した。

　〔共通事項〕は,表現及び鑑賞の学習において共通に必要となる資質・能力として,造形的な視点を豊かにするために必要な知識を位置付けて指導事項を整理した。

(1)「A表現」

「A表現」は，主体的に描いたりつくったりする表現の幅広い活動を通して，発想や構想に関する資質・能力と技能に関する資質・能力を育成する領域である。

美術科における表現活動は，その活動の目的や特性から，絵や彫刻などのように，感じ取ったことや考えたことなどを基に自由に工夫して表現する活動と，デザインや工芸などのように，伝えることや，使うことなどの目的や機能などを考え，表現方法を工夫して表現する活動に分けることができる。これらの活動では，表したい主題を生み出し表現の構想を練るなどの発想や構想に関する資質・能力と，発想や構想を基に材料や用具などを工夫して表す技能が組み合わさって働くことが重要であり，学習としてこれらの資質・能力を明確にし，調和を図って育成することが求められる。

今回の改訂では，「A表現」の内容を，(1)発想や構想に関する資質・能力の項目と，(2)技能に関する資質・能力の項目に大きく分けて示すこととした。発想や構想に関しては，①絵や彫刻のように感じ取ったことや考えたことなどを基に自己の表したいことを重視して発想や構想をする資質・能力，②デザインや工芸のように自己の表したいことを生かしながらも目的や機能を踏まえて発想や構想をする資質・能力がある。この二つはどちらも発想や構想に関する資質・能力であることから(1)の項目に一つにまとめたが，どのような考え方に基づきながら発想や構想をするのかということについては①と②には違いがあるため，(1)を二つの事項に分けて示した。(2)の発想や構想を基に描いたりつくったりするなどして創造的に表す技能については，①と②で大きな違いが見られない。例えば，絵の具で着彩をする技能について，絵とデザインで比較すると，描く表現の技能そのものは，自分の表現意図に基づいて水の加減や混色，重ね塗りをするなど，絵の具の効果や用具を生かして描くことであり，絵で取り扱った場合と，デザインで取り扱った場合とで大きな違いはない。そのため，(2)を一つの事項で示した。

これらのことを踏まえて，項目及び事項を次のように示した。

> (1) 表現の活動を通して，次のとおり発想や構想に関する資質・能力を育成する。
> 　ア　感じ取ったことや考えたことなどを基に，絵や彫刻などに表現する活動を通して，発想や構想に関する次の事項を身に付けることができるよう指導する。
> 　イ　伝える，使うなどの目的や機能を考え，デザインや工芸などに表現する活動を通して，発想や構想に関する次の事項を身に付けることができるよう指導する。

> (2) 表現の活動を通して，次のとおり技能に関する資質・能力を育成する。
>   ア　発想や構想をしたことなどを基に，表現する活動を通して，技能に関する次の事項を身に付けることができるよう指導する。

(1)は発想や構想に関する資質・能力を育成する項目，(2)は技能に関する資質・能力を育成する項目である。表現の学習では，感じ取ったことや考えたこと，目的や機能などを基に発想し構想を練るなどの発想や構想に関する資質・能力と，それを形や色彩，材料などと関わりながら創造的に表すなどの技能に関する資質・能力が調和して働くことによって，生徒の創造性や個性が豊かに発揮される。したがって，原則として(1)のア及びイの一方と，(2)を組み合わせて指導することとし，それぞれを独立した別々の題材で指導するものではない。

発想や構想と技能に関する資質・能力は，相互に関連させることにより一層高まる。例えば，発想や構想をしたことを材料や用具を使って実際に表現する中で，当初は想定していなかった課題が明確になり，構想を練り直すことでよりよいものに高められる。また，実際に材料や用具を使って制作をする技能においても，発想や構想をしたことが具体的な形として現れ，表現を追求していく中で，技能が高まったり新たな技能が発揮されたりする。

また，構想の場面では，どのような表現方法で表すのかも含めて検討することが必要になり，材料や表現方法などを用いて創造的に表すための見通しを同時に考えて構想を組み立てていく必要がある。

このように(1)のア及びイの発想や構想に関する資質・能力と，(2)のアの技能に関する資質・能力とはそれぞれを題材の中で関連させながら指導することが大切である。

表現の学習では，一人一人の生徒が，感じ取ったことや考えたこと，目的や条件などから，強く表したいことを心の中に思い描きながら，創造的に表現できるように，生徒の実態に応じた多様な題材を一層柔軟に工夫することが大切である。そして，生徒の主体的な活動を促し，学習に取り組む態度を高めながら，発想や構想と技能に関する資質・能力が豊かに育成されることが望まれる。

また，表現に関する資質・能力を高めていくためには，鑑賞の学習との相互の関連性を図りながら指導していくことが重要である。特に発想や構想の学習と鑑賞の学習との関連を図ることは，「思考力，判断力，表現力等」の育成につながるものである。題材においては，表現と鑑賞の学習のそれぞれのねらいと双方に重なる資質・能力を明確にし，適切に指導計画に位置付けていくことが求められる。

(2)「B鑑賞」

「B鑑賞」は,自分の見方や感じ方を大切にして,造形的なよさや美しさなどを感じ取り,表現の意図と工夫,美術の働きや美術文化などについて考えるなどして,見方や感じ方を深めるなどの鑑賞に関する資質・能力を育成する領域である。

従前は鑑賞の内容を,作品などを対象にした造形的なよさや美しさなどに関する鑑賞,生活を美しく豊かにする美術の働きに関する鑑賞,美術文化に関する鑑賞の視点から整理して示していた。

今回の改訂では,作品などを対象にした鑑賞については,「思考力,判断力,表現力等」の育成の観点から,「A表現」の絵や彫刻などの感じ取ったことや考えたことなどを基にした表現と,デザインや工芸などの伝えることや,使うことなどの目的や機能などを考えた表現との関連を図り,これら二つの視点から分けて示し,特に発想や構想と鑑賞の学習の双方に働く中心となる考えを軸としながら相互に関連させて育成することを重視した。

また,生活や社会と文化は密接に関わっていることや,学校の学びと生活や社会,文化とのつながりを一層深め,社会に開かれた教育課程を推進する観点などから,従前の生活を美しく豊かにする美術の働きに関する鑑賞と,美術文化に関する鑑賞を大きく一つにまとめた。そして,身の回りの造形や身近な環境,文化遺産や伝統と文化などのよさや美しさを感じ取り,一人一人の生徒が自分との関わりの中で,生活や社会の中の美術の働きや美術文化について考え,広い視野に立って見方や感じ方を深められるようにすることを目指している。

これらのことを踏まえて,項目及び事項を次のように示した。第2学年及び第3学年を例に挙げると以下のとおりである。

---

(1) 鑑賞の活動を通して,次のとおり鑑賞に関する資質・能力を育成する。
　ア　美術作品などの見方や感じ方を深める活動を通して,鑑賞に関する次の事項を身に付けることができるよう指導する。
　イ　生活や社会の中の美術の働きや美術文化についての見方や感じ方を深める活動を通して,鑑賞に関する次の事項を身に付けることができるよう指導する。

アは,絵や彫刻などの感じ取ったことや考えたことなどを基にした表現や,デザインや工芸などの目的や機能を考えた表現の造形的なよさや美しさを感じ取り,作者の心情や表現の意図と工夫について考え,見方や感じ方を広げたり深めたりする学習である。

イは,身の回りの自然物や人工物,身近な環境に見られる造形,文化遺産などの

造形的なよさや美しさなどを感じ取り，生活や社会の中の美術の働きや美術文化について考え，見方や感じ方を広げたり深めたりする学習である。

　鑑賞は単に知識や作品の定まった価値を学ぶだけの学習ではなく，自分の見方や感じ方を大切にし，知識なども活用しながら，様々な視点で思いを巡らせ，自分の中に新しい意味や価値をつくりだす学習である。このような鑑賞の学習を充実していく手立ての一つとして，言語活動がある。言葉を使うことにより自分の考えを整理したり，他者の考えなども聞きながら，自分になかった視点や考えをもったりすることは大切であり，それらを取り入れながら，自分の目と心でしっかりと作品を捉えて見ることにより，自分の中に新しい価値がつくりだされていくことになる。そのことから，第1学年では，「作品などについて説明し合うなど」，第2学年及び第3学年では，「作品などに対する自分の価値意識をもって批評し合うなど」の言語活動を，各学年の内容の取扱いにおいて位置付け，全ての事項において段階的に指導の充実が図られ学びが深まるようにすることを目指している。

　また，鑑賞と表現を，相互の関連を図りながら指導していくことも重要である。それぞれが独立した題材で直接，内容の関連が図れない場合においても，鑑賞の学習が作品の定まった価値を学ぶだけの表面的な学習にならないためには，鑑賞の学習の中で作者の気持ちになって発想や構想を膨らませるような視点や，制作手順をたどりながら表現方法に着目させるような視点を位置付けることが大切である。

(3)〔共通事項〕

　〔共通事項〕の各指導事項は，「A表現」及び「B鑑賞」の学習において共通に必要となる資質・能力であり，造形的な視点を豊かにするために必要な知識として位置付けている。今回の改訂では，造形を豊かに捉える多様な視点がもてるようにすることを重視しており，「A表現」，「B鑑賞」及び〔共通事項〕の指導を通して，一人一人の生徒が，造形的な見方・考え方を働かせ，表現及び鑑賞に関する資質・能力を高め，生活や社会の中の美術や美術文化と豊かに関わることができるようにすることを目指している。

　〔共通事項〕の「共通」とは，「A表現」と「B鑑賞」の2領域及びその項目や事項の全てに共通するという意味である。同時に，発想や構想，技能，鑑賞に関する資質・能力に共通して働くという意味であり，小学校図画工作科の学習も考慮しつつ，指導計画を作成することが重要である。

　〔共通事項〕の項目及び事項は，次のとおりである。

> (1)「A表現」及び「B鑑賞」の指導を通して，次の事項を身に付けることができるよう指導する。

> ア　形や色彩，材料，光などの性質や，それらが感情にもたらす効果などを理解すること。
> イ　造形的な特徴などを基に，全体のイメージや作風などで捉えることを理解すること。

　「A表現」及び「B鑑賞」の指導を通して，次の事項を身に付けることができるよう指導するとあるように，〔共通事項〕は，それのみを取り上げて題材にするものではなく，「A表現」及び「B鑑賞」のそれぞれの指導を通して身に付けることができるよう指導するものである。

　例えば，色彩の指導に関して，生徒に漠然と作品を見せたときには，色の種類などを捉える程度で終わってしまうことが少なくない。それに対して，色味や明るさ，鮮やかさなどの性質や，それらが感情にもたらす効果などについて着目させながら生徒の造形的な視点を豊かにし，対象を見つめさせることで，別の思いや考えが生まれてくることも多い。また，作品などの造形的な特徴などから作風などで捉えるという視点をもつことにより，表現を文化的な枠組みで見つめることができるようになる。

　〔共通事項〕が示す各事項の理解とは，具体的には，形や色彩，材料，光などの性質や，それらが感情にもたらす効果，造形的な特徴などから全体のイメージや作風などで捉えるということについて実感を伴いながら理解できるようにすることである。〔共通事項〕の指導に当たっては，単に新たな事柄として知ることや言葉を暗記することに終始するのではなく，表現及び鑑賞の活動を通して一人一人が感性や想像力などを働かせて様々なことを感じ取りながら，造形的な視点について理解し，表現したり鑑賞したりする喜びにつながっていくことが重要である。そのためには，〔共通事項〕に示されている内容を，表現及び鑑賞の活動の学習過程を通して，個別の感じ方や考え方等に応じながら活用し，多様な視点から豊かに美術や美術文化を捉えるなどして実感を伴いながら理解を深め，生きて働く知識として身に付けることや，新たな学習過程を経験することを通して再構築されていくことが重要である。

2 各領域及び〔共通事項〕の内容

(1)「A表現」の内容

　形や色彩，材料などの造形を用いた美術の表現活動は，古来より長い歴史の中で様々な国や地域において絶え間なく行われており，人間がもつ表現欲求に基づいた普遍的な行為であり，人が生活していく上で不可欠なものである。

　「A表現」は，自ら感じ取ったこと，思い描いたこと，考えたこと，伝えたいことなどを基に，生徒自らが強く表したいことを心の中に思い描き，より美しく創造的に，そして心豊かに表現する活動を通して，発想や構想に関する資質・能力と創造的に表す技能を身に付ける学習である。

　表現の学習は，生徒一人一人がもつ主題に基づいた表現欲求を大切にしながら，生徒が自ら課題を決め，答えを求めて取り組む喜びを味わえるようにすることが重要である。そして，授業を通して造形や美術などと主体的に関わり，自分自身をより深く見つめたり，身の回りの生活や社会と美術との関係を考えたりすることが大切である。一人一人が感じ取ったことや考えたこと，目的や機能などを基に発想や構想し，創造的に表すなど，豊かな学習経験を重ねていく中で，心豊かに表すための表現に関する資質・能力が育成されることになる。

　表現の学習は，表したいことを基に「知識及び技能」と，「思考力，判断力，表現力等」を相互に働かせながら，問題解決をする学習そのものである。その特質を踏まえ，小学校図画工作科において学習した経験や身に付けた資質・能力を基に，中学生の時期の発達や成長，興味・関心などを踏まえて新たな資質・能力を身に付け，創造的な表現を工夫できるように指導することが大切である。表現の学習の充実を図るためには，生徒自らがよりよい価値を求め，感性や想像力を働かせて，「A表現」(1)のア及びイに示されている表現したい内容をどのように表すかという発想や構想に関する事項と，(2)に示されているそれを創造的に表すための技能に関する事項との調和を図りながら，相互に関連させて指導する必要がある。したがって，原則として「A表現」(1)のア及びイの一方と(2)を組み合わせて題材を構成することとし，発想や構想に関する資質・能力と創造的に表す技能が学習のねらいとして明確に位置付けられる必要がある。

　また，表現に関する資質・能力を一層豊かに育成するためには，鑑賞の学習とも相互の関連を図るとともに，自己との対話などにより主題を深めたり，アイデアスケッチや言葉で発想や構想をしたことを整理したりすることも重要である。その際，〔共通事項〕を指導の中に適切に位置付け，造形的な視点を豊かに働かすことができるようにすることが大切である。

> （1） 表現の活動を通して，次のとおり発想や構想に関する資質・能力を育成する。

　「Ａ表現」(1)は，造形的な見方・考え方を働かせて，自己の内面などを見つめて，感じ取ったことや考えたことなどを基に主題を生み出し，それらを基に創造的な構成を工夫したり，目的や条件などを基に主題を生み出し，分かりやすさや使いやすさと美しさとの調和を考えたりするなどの発想や構想に関する資質・能力を育成する項目である。

　発想や構想に関する資質・能力を育成するとは，感じ取ったことや考えたこと，目的や機能などを基に発想し構想を練るなどの発想や構想に関する資質・能力を育成することを示している。これまで「Ａ表現」(1)及び(2)の二つの項目で示してきた発想や構想に関する学習を(1)の一つの項目に整理した。そして項目内を，育成する発想や構想に関する資質・能力の違いより「ア　感じ取ったことや考えたことなどを基に，絵や彫刻などに表現する活動を通して，発想や構想に関する次の事項を身に付けることができるよう指導する。」と「イ　伝える，使うなどの目的や機能を考え，デザインや工芸などに表現する活動を通して，発想や構想に関する次の事項を身に付けることができるよう指導する。」の二つに分けて示した。

> ア　感じ取ったことや考えたことなどを基に，絵や彫刻などに表現する活動を通して，発想や構想に関する次の事項を身に付けることができるよう指導する。

　アは，生徒が，対象や自己の内面などを見つめて，感じ取ったことや考えたことなどから主題を生み出し，それらを基に創造的な構成を工夫するなどの発想や構想に関する指導内容を示している。

　私たちは，日々様々な思いや感情を巡らせながら生活しており，何かを見て美しいと感じたとき，楽しいことや悲しいことなどがあったとき，夢やあこがれをもったとき，それを表現したいという気持ちに駆られることがある。そして，それらを表現することにより，その印象を強く心にとどめたり，気持ちの安らぎを感じて心が満たされたりする経験を積み重ねていく。このように感じ取ったことや考えたことなどを基に，自分の感性や想像力を自由に働かせて表現する活動は，自己を確認したり，新たな自己を発見したりすることでもある。そのような表現の活動は，特に，自己の内面を見つめ，価値観を構築していく思春期の中学生にとって重要な意味をもつ学習である。

　ここでは，生徒一人一人が感じ取ったことや考えたことなどを基に，自ら主題を生み出し，自分の思いや考えを大切にして構想を練り上げていくことを重視してい

る。その際,「B鑑賞」(1)のア(ア)の「感じ取ったことや考えたことなどを基にした表現に関する鑑賞」との関連を図るとともに,〔共通事項〕に示している内容について実感的に理解を深めながら,造形的な視点を豊かにして発想や構想に関する資質・能力を高めていくことが求められる。

感じ取ったことや考えたことなどとは,主題を生み出すときや発想や構想をするときの要因となるものを示している。感じ取ったことは受け身ではなく,意識を働かせて何かを得ようとする主体的な関わりを意図している。同時に,自分の感覚を大切にして対象や事象から価値などを創出することを意味している。例えば,花から「美しさ」を感じ取る人もいれば,「さわやかさ」を感じ取る人もいる。その価値や心情は定まったものではなく,見ている側が自分の感じ方で感じ取り,つくりだすものである。また,考えたことは,内的あるいは外的な要因によって心の中に思い描いたことや願いなどである。

自分としての意味や価値をつくりだすためには,自己を見つめる機会や他者と交流する場を設け,主体的,対話的な活動などを通して考えを深めるなどしながら,生徒が自分としての表現の主題を明確にしていく過程を重視していくことが大切である。

絵や彫刻などに表現する活動とは,自ら生み出した主題を形や色彩などで具体化するために,絵や彫刻をはじめ多様な表現に柔軟に取り組むことができることを意図している。

発想や構想に関する次の事項を身に付けることができるよう指導するとは,ここで指導する内容が,感じ取ったことや考えたことを基にした発想や構想に関する学習であり,生徒一人一人が指導内容を確実に身に付け,創造活動の喜びを感じられるような指導をするとともに,その実現状況について学習評価を通して的確に把握する必要があることを示している。

この学習における発想や構想は,対象や事象などを造形的な視点で捉え,見たことや感じ取ったこと,考えたこと,心の世界などを基に,表したい主題を生み出し,形や色彩などの性質や,感情にもたらす効果などを生かし,創造的な構成を工夫するものである。ここでは,自己の感覚で形や色彩,材料などを豊かに捉え,それを意図に応じて効果的に生かす資質・能力が求められる。したがって,形や色彩,材料などを既成の概念で捉えるのではなく,体の諸感覚を働かせて実感をもって豊かに捉え理解していくような指導が必要になる。

指導事項の概要は,第1学年,第2学年及び第3学年とも次のとおりである。

(ア) 感じ取ったことや考えたことなどを基にした発想や構想

(ｱ)は，感じ取ったことや考えたことなどを基にした，発想や構想に関する事項である。

ここでは，生徒が対象や事象から感じ取ったことや湧出したイメージ，様々な事象を通して考えたことや想像したこと，夢や希望などから，表現したい主題を生み出し，それを基に心豊かに表現の構想を練ることが大切である。

これまで「感じ取ったことや考えたことなどを基に主題を生み出すこと」と，「主題などを基に表現の構想を練ること」を二つの事項で分けて示していたが，主題と構想との相互の関係を一層重視し，主題と構想が行き来する中でそれぞれを深めるなど，より柔軟な発想や構想ができるよう一つの事項にまとめている。

感じ取ったことや考えたことなどを基にして主題を生み出すことは，(ｱ)の学習を進める上で基盤となるものであり，発想や構想を高めるための重要な部分である。例えば，単に，「校舎を描こう」といった題材の場合，生徒が校舎を描くことだけを目的としてしまうなど，自分が描く絵が本物に似ているかどうかだけに価値が偏ってしまうことが多い。また，表現したい主題がないままの活動では，発想や構想に関する資質・能力も高まらないことが考えられる。題材名を「〇〇な校舎を描こう」などと工夫することにより，「どっしりとした校舎を描きたい」，「明るい感じの校舎を描きたい」，「夢の詰まった幻想的な校舎を描きたい」など，生徒自らが自分の表したい主題を生み出すように指導することが大切である。そして，生徒が主題を明確にもつことにより，その実現に向けて，形や色彩の特性を生かしながら構想が一層豊かに膨らんでいくことになる。また，鑑賞の学習との関連において，造形的なよさや美しさを感じ取ったり，作品の主題，作者の心情や表現の意図と工夫を考えさせたりするなど，発想や構想と鑑賞の学習の双方に働く中心となる考えを明確にした学習を行うことにより，主題を生み出す力を高めたり，発想や構想に関する資質・能力を高めたりすることにつながっていく。加えて，主題を重視することは，教師も作品の完成度だけを評価するのではなく，生徒が主題を表現するために，どのように構想を練ったかという思考の過程を重視し，生徒の様々な表現のよさや工夫を認めることにつながる。このように生徒の主題への意識を高め，一人一人が強く表したいことを心の中に思い描けるようにすることが大切である。

表したい主題を，形や色彩，材料などを構成してどのように表現するのかという考えを組み立てるためには，主題などを基に，全体と部分との関係などを考える，単純化や省略，強調するなどの構想を練るための具体的な手立てを身に付ける必要がある。主題には，感じたことや思いなど，必ずしも明確な主題とまではいえないものも構想を練るときの対象としていることから，主題を基に構想を練ることを基本に据えながらも，生徒の興味，関心や学習のねらいに応じて，例えば材料などに触れて感じたことなどから，構想を広げて表現するなどの指導の工夫も考えられる。

また，主題を基に構想していく中で，新たなイメージが膨らみ，最初の主題とは違った主題が生まれることもある。そして，そこから再び構想が練り直されるなど，試行錯誤の中で主題とそれを基にした構想が深まっていくことも考えられる。構想する力を豊かに育てるためには，単に方法として理解するのではなく，自分の感覚を働かせながら，形や色彩，材料，光などの性質や，それらが感情にもたらす効果などの理解を基に，それらを意図に応じて活用する力として身に付けることが大切である。

> イ　伝える，使うなどの目的や機能を考え，デザインや工芸などに表現する活動を通して，発想や構想に関する次の事項を身に付けることができるよう指導する。

　イは，目的や条件などを基に，見る人や使う人の立場に立って主題を生み出し，分かりやすさや使いやすさなどと美しさとの調和を考えた発想や構想に関する指導内容を示している。

　日常生活を振り返ってみると，身の回りにある人工物のほとんどはデザインや工芸と関わっており，私たちはデザインされたものや工芸として制作されたものに囲まれて生活している。人は，それらのものから機能的な恩恵だけでなく，その形や色彩からも大きな影響を受けている。例えば，食器などを選ぶときには，使いやすさとともに形や色彩などが自分の好みに合うかどうかを基準にしている。また，部屋の内装や日用品についても，形や色彩，材料などによって雰囲気や印象が違って見えたり，心地よさや楽しさなどを感じさせたりしている。このように，人は日々，身の回りの形や色彩などから様々な影響を受けており，これらのものはつくった人が，見る人や使う人の立場に立って美しさ，楽しさ，使いやすさなどを考えて表現したものである。

　ここでは，生徒一人一人が目的や条件などを基に，見る人や使う人の立場に立って主題を生み出し，身近な生活や社会をより美しく心豊かなものにしていくために，使いやすさや美しさなどを考えて発想し構想を練ることを重視している。

　伝える，使うなどの目的や機能とは，主題を生み出すときや発想や構想をするときの要因となるものを示している。目的や機能とは，生活を心豊かにするために飾る，気持ちや情報を美しく分かりやすく伝える，製品などを生活の中で楽しく使うなど，生活や社会における美術の働きとの関連性と深く関わる内容である。例えば，人は誰でも，美しく見せたい，美しく表現したいなどの思いや願い，生活に必要なものなどを創意工夫してつくりだしたいという欲求をもっている。このような気持ちを基に発想し，構想を練ることは，自分の身の回りだけでなく，見る人や使う人

など相手の立場を尊重して，より多くの他者や社会にも目を向けて実際の日常生活に役立ったり，生活を美しく豊かにしたりすることにつながるものである。

　ここでの学習では，目的や条件などを基に客観的な視点に立って主題を生み出したり，機能について考えたりすることや，造形的な視点から生活や社会を捉えたりすることが求められる。そのため，鑑賞の活動と関連させて生活や社会の中の美術の働きと自分との関係を見つめる機会を設け，言語活動などを活用しながら考えを広げたり深めたりすることも必要である。また，〔共通事項〕に示されている造形の要素の性質や，それらが感情にもたらす効果などに対する理解を実感的に深めながら，生徒が目的や条件などを基に表現の主題を明確にしていく過程を重視していくことが大切である。

　デザインや工芸などに表現する活動とは，飾る，伝える，使うなどの目的を実現するため，デザインや工芸をはじめ多様な表現に柔軟に取り組むことができることを意図している。

　発想や構想に関する次の事項を身に付けることができるよう指導するとは，ここで指導する内容が，目的や機能などを基にした発想や構想に関する学習であり，生徒一人一人がこの指導事項の内容を確実に身に付け，創造活動の喜びを感じられるような指導をするとともに，その実現状況について学習評価を通して的確に把握する必要があることを示している。

　この学習における発想や構想は，生活や社会を造形的な視点で捉え，伝える，使うなどの目的や機能を基に，対象や事象，材料などから捉えたイメージ，自己の思いや経験，美的感覚などを関連させながら育成するものである。特にここでは，他者に対して，形や色彩，材料などを用いて自分の表現意図を分かりやすく美しく伝達することや，使いやすさなどの工夫が見る人や使う人などの他者に受け止められるようにすることが重要である。したがって，形や色彩，材料などを，単に自己の感覚のままに捉えて用いるのではなく，他者に対しても共感的に受け止められるように，造形やその効果に対する客観的な見方や捉え方を工夫していく指導が必要になる。

　指導事項の概要は，第１学年，第２学年及び第３学年とも次のとおりである。

　(ア)　構成や装飾を考えた発想や構想
　(イ)　伝達を考えた発想や構想
　(ウ)　用途や機能などを考えた発想や構想

　(ア)は，身近な環境を含め様々なものを対象とし，構成や装飾の目的や条件などを基に，用いる場面などから主題を生み出し，美的感覚を働かせて調和のとれた美し

さなどを考えて，造形的に美しく構成したり装飾したりするための発想や構想に関する事項である。

(イ)は，伝える目的や条件などを基に，伝える相手や内容などから主題を生み出し，形や色彩，材料などを生かし，美しく，分かりやすく効果的に表現するための発想や構想に関する事項である。

(ウ)は，使う目的や条件などを基に，使用する者の気持ちなどから主題を生み出し，いわゆる「用と美の調和」を考えて，使うなどの機能と美しさを追求する発想や構想に関する事項である。

構想の場面では，どのような表現方法で表すのかを，自ら生み出した主題に基づきながら検討することになることから，〔共通事項〕に示されている造形の要素の性質や，それらが感情にもたらす効果などへの理解を実感的に深めながら，材料や表現方法の選択など，創造的に表す技能との関連を図り，見通しをもって構想を組み立てていく必要がある。

今回の改訂では，生徒一人一人が目的や条件などを基に強く表したいことを心の中に思い描けるようにすることを重視し，「主題を生み出すこと」を新たに加えた。主題を生み出すことは，(ア)，(イ)，(ウ)それぞれの学習を進める上で基盤となるものであり，発想や構想を高めるための重要な部分である。

例えば，構成や装飾の学習において「包装紙のデザイン」といった題材の場合，単に自分の思い付きや感情の赴くままに考えるだけでは，客観的な視点が弱い発想や構想になることも多い。また，主題がないままの活動では，表現に向かう意欲や発想や構想に関する資質・能力も高まらないことが考えられる。題材名を「地域を活性化する包装紙のデザイン」などと工夫することにより，生徒は，用いる場面や社会との関わりなどから主題を生み出すことへの意識が高まる。また，客観的な視点を高め，店の特徴や地域性，人々の思いや願い，店の商品を購入した人が共通に感じる構成や装飾から受ける印象や感情にもたらす効果などについて考えるようになる。このように，生徒自らが自分の表したい主題を生み出すように題材や導入を工夫して指導することが大切である。そして，生徒が主題を明確にもつことにより，その実現に向けて，形や色彩の特性を生かしながら構想が一層豊かに膨らんでいくことになる。

また，鑑賞の学習において，目的や機能との調和のとれた美しさを感じ取ったり，作者の心情や意図について考えたりするなど，発想や構想と鑑賞の学習の双方に働く中心となる考えを明確にした学習を行うことにより，鑑賞で学習したことが表現の学習に生かされ，発想や構想に関する資質・能力を高めることが考えられる。加えて，デザインや工芸などは，私たちの日常生活と深く関わっていることから，生活や社会の中の美術の働きに関する鑑賞との関連も効果的である。

主題を重視することは，教師にとっても作品の完成度だけを評価するのではなく，生徒が主題を表現するために，どのように構想を練ったかという思考の過程を重視し，生徒の客観的な視点に立った様々な表現のよさや工夫を認めることにつながる。

---

(2) 表現の活動を通して，次のとおり技能に関する資質・能力を育成する。

　「A表現」(2)は，造形的な見方・考え方を働かせ，発想や構想をしたことなどを基に表すために，形や色彩などの造形の要素の働きや，材料，用具などの理解と表現方法などを身に付け，感性や造形感覚，美的感覚などを働かせて，表現方法を工夫し創造的に表すなどの技能に関する資質・能力を育成する項目である。

　技能に関する資質・能力を育成するとは，自分の表現を具体化するために，材料や用具などを創意工夫したり，見通しをもって描いたりつくったりするなど創造的に表す技能を育成することを示している。ここでは，材料や用具などの使い方を身に付け，意図に応じて自分の表現方法を工夫したり追求したりすることや，材料や用具を扱った経験や技能を総合的に生かし，見通しをもって自分の思いを創造的に表せるようにすることが大切である。

ア　発想や構想をしたことなどを基に，表現する活動を通して，技能に関する次の事項を身に付けることができるよう指導する。

　アは，「A表現」(1)のア及びイの学習において，発想や構想をしたことを基にして，自分の表現を具体化するために，材料や用具などを活用して描いたりつくったりする創造的に表す技能に関する指導内容を示している。

　生徒が表現する活動において，発想や構想が明確で，自分の思いや考えがあっても，それを具現化するために必要な技能が伴わず，実際の表現の活動の結果が自らの意図からかけ離れてしまい，充実感や成就感を味わうことのないままに終わることも少なくない。小学校図画工作科での学習経験や連続性に配慮するとともに，ここでの指導が，発想や構想をしたことを基に，自分の意図をよりよく表すことがきるようにするための技能を身に付けさせることをねらいとしていることに留意する必要がある。

　発想や構想をしたことなどを基に，表現する活動を通してとあるように，ここで示している指導内容は単に用具の使い方や技法を覚えることに終始するものではない。この指導内容において身に付けさせるべき技能とは，自らが発想や構想をしたことを基に表し方を創意工夫し，創造的に作品をつくりあげていく際に働く資質・

能力である。したがって，生徒の創造的に表す技能の伸長を図るためには，表現の活動の中で，生徒が自分のもっている力を発揮しながら表現方法を選択したり，試行錯誤しながら創意工夫したりする場面を意図的に位置付け，発想や構想に関する資質・能力と，それを創造的に表す技能とを関連付けながら指導することが重要である。

技能に関する次の事項を身に付けることができるよう指導するとは，ここで指導する内容が創造的に表す技能に関する学習であり，生徒一人一人がここでの指導内容を確実に身に付け，創造活動の喜びを感じられるような指導をするとともに，その実現状況について学習評価を通して的確に把握する必要があることを示している。

指導事項の概要は，第1学年，第2学年及び第3学年とも次のとおりである。

(ア) 創意工夫して表す技能
(イ) 見通しをもって表す技能

(ア)は，意図に応じて材料や用具の特性を生かして，よりよく表す技能に関する事項である。ここでは，形や色彩，材料や光などの性質や，それらが感情にもたらす効果などを理解しながら，材料や用具の特性を考え意図的・効果的に生かして表すことができるようにすることを目指している。

また，「第3 指導計画の作成と内容の取扱い」の2(3)に示されているように，映像メディア，漫画やイラストレーション，日本及び諸外国の美術の作品などにおける多様な表現方法を学習する機会を効果的に取り入れるなどして，生徒が自分の表現意図に合う独創的な表現方法を工夫して幅広く表現活動が行えるようにする。

(イ)は，実際に材料や用具などを使う段階で，それらの特性などを踏まえて描いたりつくったりする順序を考え，制作の過程を組み立てながら，表していくための技能に関する事項である。指導の例としては，絵の具で着彩する際に，どこからどのように着彩していけば自分の表したいことをより美しく表すことができるのかなど，順序や効率などを考えて見通しをもつことである。制作の順序を考えるときには，水彩絵の具，ポスターカラー，アクリル絵の具などによって，着彩する順序も変わってくるため，材料や用具の特性を十分理解する必要がある。一方，この指導事項は題材によっては特に位置付けない場合もあることに留意する必要がある。例えば，技能を働かせる場面で発想や構想を練り直すことを重視する題材では，技能と構想が行き来し，つくりながら構想が固まっていくため，制作の順序を事前に考えることが困難な場合もある。したがって，基本的には(2)の創造的に表す技能の指導においては，(ア)の事項は，どの題材でも指導することとなるが，(イ)の事項は，

そのねらいに応じて指導することになる。

　生徒が形や色彩などの表し方，材料や用具の扱いや生かし方などを身に付けることは，生徒一人一人が自分らしさを発揮し，試行錯誤しながら表現方法を工夫し追求する上で重要である。また，美術科においては，小学校図画工作科の学習経験や各学校の特性，生徒の実態などを踏まえ，創造的に表す技能を育成するために効果的な内容を工夫・設定できるように，必ず指導しなければならない材料や用具を特定していない。そのため，題材の設定に当たっては，発達の特性に配慮し，材料や用具，表現方法などが，生徒にとって適切であるかどうか，十分に検討することが大切である。

(2)「B鑑賞」の内容

　「B鑑賞」は，自然の造形の美しさや，人類のみが成しうる「美の創造」というすばらしさを感じ取り味わい，自らの人生や生活を潤し心豊かにしていく主体的で創造的な学習である。

　自然は，どこにでもあり，人知を集めても創造しえない美しく不思議で機能的な形をしている。そして，どのような科学をもってしても演出しえない美しさや荒々しさがあり，人々に感動を与え，心や体を潤わせ癒やしてくれる。また，人々が大切に守ってきた美術に関する文化遺産や作品などは，はるかな時や民族，国や地域の相違を超えて，人々に感動を与え続けてくれる。そこには，美へのあこがれを求めるという人類普遍の精神と，人々が長い歴史の中で絶えず英知と想像力を働かせ，様々なものや美を創造してきた足跡を見ることができる。

　鑑賞の学習は，自然や身の回りの造形，美術作品や工芸作品などのよさや美しさ，創造力のたくましさなどを感じ取り，心をより豊かなものにするとともに，作品との対話を重ね理解することによって多くのものを感受し，作者の心情や表現の意図と工夫，生活や社会における美術の働きや美術文化について考えるなどして鑑賞の視点を豊かにすることで，見方や感じ方を広げたり深めたりするなどの資質・能力を育成することをねらいにしている。それは，知識を詰め込むものではなく思いを巡らせながら対象との関係を深め，自分の中に新しい意味や価値をつくりだす創造活動である。さらに，それ自体が一つの意味をもった自立した学習であり，表現のための補助的な働きをなすだけのものではない。

　また，鑑賞に関する資質・能力を一層豊かに育成するためには，表現の活動とも相互の関連を図るとともに，主体的，対話的な活動などにより対象などの見方や感じ方を深めたり，自分では気付かなかった新しい意味や価値に気付いたりできるようにすることも重要である。その際，〔共通事項〕を指導の中に適切に位置付け，造形的な視点を豊かに働かせながら，鑑賞の指導の充実を図ることが大切である。

> (1) 鑑賞の活動を通して，次のとおり鑑賞に関する資質・能力を育成する。

「Ｂ鑑賞」(1)は，造形的な見方・考え方を働かせ，自然や生活の中の造形，美術作品や文化遺産などから，よさや美しさなどを感じ取り，作者の心情や表現の意図と工夫，生活や社会の中の美術の働きや美術文化について考えるなどして見方や感じ方を広げたり深めたりする鑑賞に関する資質・能力を育成する項目である。

鑑賞に関する資質・能力を育成するとは，鑑賞の活動を通して，幅広い美術の表現のよさや美しさを感じ取ったり，美術文化の伝統的かつ創造的な側面について考えたりするなどして見方や感じ方を深め，多くのものを感受し学び取るための資質・能力を育成することを示している。

学校教育である美術科における鑑賞の学習は，生徒にとって楽しみや喜びでなければならない。そして，主体的に鑑賞の学習に取り組み，作品の見方や感じ方などを身に付け，作品に表現された世界を一層豊かに感じ取り，考えを深めることができるようにする必要がある。こうした鑑賞の学習を積み重ねていくことを通して，生徒一人一人が自分の見方や感じ方の変容に気付いたり，見方や感じ方が深まることに喜びを感じたりしながら，自己の内面を豊かにし，情操を培い豊かな人間性の形成に寄与していくのである。

また，表現と鑑賞の活動は相互に関連し合っており，双方に働く中心となる考えを明確にし，相互の関連を図りながら指導することが大切である。作品のよさや美しさに感動するとき，なぜ美しいと感じるのか，どの部分からそう感じたのかというように様々な造形の要素の働きなどを根拠に感じ取り味わっている。表現の学習で考えることと共通する視点で美術作品などを鑑賞するとき，今まで漠然としていた作者の表現意図と表現方法の関わりなどが鮮明に見えてきて自分の表現に生かせるヒントが得られることもある。つまり，鑑賞することで表現が，表現することで鑑賞がよりよいものになっていくことも多くあることから，表現と関連を図り指導することは大切である。

鑑賞で育てる資質・能力の一つとして，柔軟で鋭敏な感受性や美的判断力があるが，それらの資質・能力は表現においても必要な資質・能力であり，同様に，表現で培われた発想や構想に関する資質・能力や創造的に表す技能などは鑑賞の質をより高めるために必要な資質・能力でもある。これらのことは，単に表現のために鑑賞が役立つという狭い意味でなく，鑑賞する中で身に付けた資質・能力がおのずと表現に生かされていくような指導が望まれる。指導計画の作成に当たっては，生徒や学校の実態，学習内容や学習環境などとの関わりや学習効果を踏まえ，そのような表現と鑑賞の関係を生かすことができるよう，それぞれにおいて育成する資質・

能力を明らかにして表現と鑑賞を相互に関連付けた題材を設定し，授業時数を適切に配分する必要がある。

　鑑賞に関する資質・能力を高めるためには，鑑賞の活動の場面において自己との対話などによりつくりだされる生徒一人一人の作品の見方や感じ方を大切にしなければならない。そして，美術作品などのよさや美しさを感じ取り味わうことができるように，形や色彩などの造形の要素の特徴などに意識を向けて考えさせ，対象とじっくりと向き合い作品などが訴えてくるものを読み取る活動や，造形的な視点を豊かにもてるようにする学習を意図的に設定する必要がある。

　また，鑑賞において造形的な視点を豊かにもって対象を捉えさせるためには，言葉で考え整理することも重要である。なぜなら，〔共通事項〕に示す事項を視点として言葉で表すことにより，それまでは漠然と見ていたことが整理され，美しさの要素が明確になるからである。さらに，対話的な活動を通して言葉を使って他者と意見を交流することにより，自分一人では気付かなかった価値などに気付くことができるようになる。このように，対象のよさや美しさ，作者の心情や表現の意図と工夫などを豊かに感じ取らせ，考えさせ，味わわせるためには，造形に関する言葉を豊かにし，言葉で語ったり記述したりすることは有効な方法であるといえる。

　鑑賞する対象の選択では，指導のねらいを明確にしながら生徒の興味・関心，発達の特性などに応じて適切に教材を選ぶことが大切である。その際，作品を網羅的に取り上げるのではなく，「A表現」との関連や生徒の主体的な鑑賞を促すためにあらかじめ選定した題材の範囲の中で，生徒の興味・関心に合わせて鑑賞の対象となる作品を選択させたり，同じテーマで表現した複数の作品を比較させたりするなどして，より深く鑑賞させることが必要である。

　鑑賞作品については，実物と直接向かい合い，作品のもつよさや美しさについて実感を伴いながら捉えさせることが理想であるが，それができない場合は，大きさや材質感など実物に近い複製，作品の特徴がよく表されている印刷物，ビデオ，コンピュータなどを使い，効果的に鑑賞指導を進めることが必要である。

　このようにして鑑賞の学習のねらいを明確にし，各学年の発達の特性に考慮してア及びイの各内容に基づいた授業づくりが求められる。

　指導内容は，第2学年及び第3学年を例に挙げると次のとおりである。

　ア　美術作品などの見方や感じ方を深める活動を通して，鑑賞に関する次の事項を身に付けることができるよう指導する。

　アは，絵や彫刻，デザインや工芸など，感じ取ったことや考えたことなどを基にした表現や，目的や機能を考えた表現の造形的なよさや美しさを感じ取り，作者の

心情や表現の意図と工夫について考えて，見方や感じ方を広げたり深めたりする鑑賞に関する指導内容を示している。

美術作品などの見方や感じ方を深める活動を通してとは，美術作品などを鑑賞することによって，第1学年では見方や感じ方を広げること，第2学年及び第3学年では，第1学年において身に付けた鑑賞に関する資質・能力を柔軟に活用して見方や感じ方を深めることが基本であることを示している。自然の中の造形や，一枚の絵，一体の彫刻などが訴えかけてくることを読み取ることによって人は感動を受ける。そして，そう感じた理由や要素を様々な角度から作品を見つめ洞察的な思考を重ねながら追求することによって，見方や感じ方を深め，より幅広く生きて働く知識を身に付けるとともに，一つの作品から美術そのものに対する感動と理解を一層深めることができるようになる。鑑賞の活動の本質は，この点にあるということができる。

鑑賞に関する次の事項を身に付けることができるよう指導するとは，ここで指導する内容が，美術作品などの鑑賞に関する学習であり，自然や生活の中の造形，美術作品などから，造形的なよさや美しさを感じ取り，作者の心情や表現の意図と工夫などについて考えるなどして，見方や感じ方を広げたり深めたりできるように指導するとともに，その実現状況について学習評価を通して的確に把握する必要があることを示している。

指導事項の概要は，第1学年，第2学年及び第3学年とも次のとおりである。

(ア) 感じ取ったことや考えたことなどを基にした表現に関する鑑賞

(イ) 目的や機能などを考えた表現に関する鑑賞

アの「美術作品など」に関する学習の事項では，「A表現」との相互の関連を重視し，特に発想や構想と鑑賞に関する資質・能力とを総合的に働かせて学習が深められるようにしている。指導事項の，「(ア) 感じ取ったことや考えたことなどを基にした表現に関する鑑賞」は，「A表現」(1)のアの「感じ取ったことや考えたことなどを基にした発想や構想」と関連している。「(イ) 目的や機能などを考えた表現に関する鑑賞」は，「A表現」(1)のイの「目的や機能を考えた発想や構想」と関連しており，相互に関連させながら学習を進めることで，鑑賞に関する資質・能力を高めることができるようにしている。

イ 生活や社会の中の美術の働きや美術文化についての見方や感じ方を深める活動を通して，鑑賞に関する次の事項を身に付けることができるよう指導する。

イは,身の回りの自然物や人工物,身近な環境に見られる造形,文化遺産などの造形的なよさや美しさを感じ取り,生活や社会の中の美術の働きや美術文化について考えて,見方や感じ方を広げたり深めたりする鑑賞に関する指導内容を示している。

生活や社会の中の美術の働きや美術文化についての見方や感じ方を深める活動を通してとは,身の回りにある自然物や人工物の形や色彩,材料,身近な地域や日本及び諸外国の文化遺産などを取り上げ,第1学年では,生活の中を中心に見方や感じ方を広げ,それを第2学年及び第3学年では,柔軟に活用し,身近な環境や社会の中に見られる造形や,日本の美術作品や受け継がれてきた表現の特質,諸外国の美術や文化との相違点や共通点などに着目して,見方や感じ方を深められるようにすることが基本であることを示している。

鑑賞に関する次の事項を身に付けることができるよう指導するとは,ここで指導する内容が,美術の働きや美術文化についての鑑賞に関する学習であり,身の回りにある自然物や環境,美術の伝統と文化などから造形的なよさや美しさを感じ取り,生活や社会の中の美術の働きや美術文化について考えるなどして,見方や感じ方を広げたり深めたりできるように指導するとともに,その実現状況について学習評価を通して,的確に把握する必要があることを示している。

指導事項の概要は,第1学年,第2学年及び第3学年とも次のとおりである。

(ア)　生活や社会を美しく豊かにする美術の働きに関する鑑賞
(イ)　美術文化に関する鑑賞

イの「美術の働きや美術文化」に関する学習は,特に生徒にとって実生活や自分たちが住む地域などとも深く関わる内容である。(ア)は,生活や社会を美しく豊かにする美術の働きに関する学習であり,美術作品や生活の中の造形などを,それがあることによりどのような効果をもたらしているのかを考えるなどして,見方や感じ方を深めることが大切である。(イ)は,美術文化に関する学習であり,美術文化を美術表現の総体として捉え,そのよさや継承と創造について考えるなどして,見方や感じ方を深めることが大切である。ここでは,見方や感じ方を深めたことが,自分の身の回りや地域を新たな視点で見つめ直す機会となることが大切である。

また,各学年の発達の特性を考慮し,第1学年で学んだことを基に,第2学年及び第3学年で一層深く味わうことができるようにすることが大切である。特に第2学年及び第3学年は,生徒の心身ともに急速な発達がみられ,自我意識が強まるとともに人間としての生き方についての自覚が深まり,価値観が形成されていく時期である。これに合わせて見方や感じ方を深めるとともに,美術を生活や社会,歴史などの関連で見つめ,自分の生き方との関わりから美術を通した国際理解や美術文

化の継承と発展について考え，鑑賞を深められるようにすることが大切である。

(3) 〔共通事項〕の内容

〔共通事項〕(1)は，「A表現」及び「B鑑賞」の学習において共通に必要となる資質・能力であり，造形的な視点を豊かにするために必要な知識に関する項目である。ここでは，表現及び鑑賞の活動を通して，形や色彩，材料，光などの性質や，それらが感情にもたらす効果を理解したり，造形的な特徴などを基に，全体のイメージや作風などで捉えることを理解したりする中で，造形的な視点を豊かにし，表現及び鑑賞に関する資質・能力を高めることをねらいとしている。

生徒一人一人の表現や鑑賞に関する資質・能力を豊かに育成していくためには，形や色彩，材料や光などの造形の要素に着目してそれらの働きを捉えたり，全体に着目して造形的な特徴などからイメージを捉えたりするなどの造形的な視点を豊かにすることが重要である。そして，発想や構想をする場面，創造的に表す技能を働かせる場面，感じ取ったり考えたりする鑑賞の場面のそれぞれにおいて，造形の要素の働きについて意識を向けて考えたり，大きな視点に立って対象のイメージを捉えたりできるようにし，表現及び鑑賞の学習を深めることができるようにすることが大切である。そのために，〔共通事項〕に示されている内容について，単に新たな事柄として知ることや言葉を暗記することに終始するのではなく，具体的に感じ取ったり考えたりする場面を位置付けるなどして実感を伴いながら理解できるようにし，学習したことが造形的な視点として表現及び鑑賞の活動の中で生きて働くようにすることが重要である。

---

(1) 「A表現」及び「B鑑賞」の指導を通して，次の事項を身に付けることができるよう指導する。

「A表現」及び「B鑑賞」の指導を通して，次の事項を身に付けることができるよう指導するとあるように，〔共通事項〕は，各領域の指導を通して，指導する項目である。

指導事項は，第1学年，第2学年及び第3学年とも次のとおりである。

ア　形や色彩，材料，光などの性質や，それらが感情にもたらす効果などを理解すること。

イ　造形的な特徴などを基に，全体のイメージや作風などで捉えることを理解すること。

アは，形や色彩，材料，光など，それぞれの造形の要素に視点を当て，自分の感じ方を大切にして，温かさや軟らかさ，安らぎなどの性質や感情にもたらす効果などについて理解する指導事項である。それに対して，イは，造形的な特徴などから全体のイメージや作風などで大きく捉えるということについて理解する指導事項である。いわば，アは「木を見る」，イは「森を見る」といった視点で造形を豊かに捉えられるようにするために必要となる内容を示しており，これらは表現及び鑑賞の学習において共通に必要となる資質・能力である。

また，造形的な視点を豊かにすることは，表現や鑑賞の学習の基盤となる感性や想像力，造形感覚などを高めていくことにもつながっていく。そのため，〔共通事項〕の各指導事項を，表現や鑑賞の学習の中に適切に位置付けて実感を伴いながら理解できるように学習の充実を図ることが大切である。

形や色彩などに対する感性や想像力，造形感覚などは，生徒の生活体験や環境などと深く関わっており，造形的な視点は，それらの影響を受けながら培われている。また，授業で繰り返し指導することにより，生活の中にある形や色彩，材料，光などからも様々な印象や感情にもたらす効果，イメージなどを豊かに感じ取る力が育成されていくことになる。このように，形や色彩などに対する感性や想像力，造形感覚などは，授業とふだんの生活の双方が関連しながら育まれるものであり，造形や美術の働きを意識し理解を深めることで育まれる造形的な視点をはじめ様々な資質・能力は，一人一人の生徒が心豊かな生活を創造する上で重要な役割を果たすものである。

形や色彩，材料，光などの性質や，それらが感情にもたらす効果などを理解するとは，造形の要素に着目し，その働きを捉えることができるように，形や色彩，材料，光などの性質や，それらが人の感情にもたらす様々な効果などについて理解することを示している。

性質とは，その事物に本来備わっている特徴のことであり，色の色味や明るさ，鮮やかさ，材料の硬さや軟らかさ，質感など，感覚で直接感じ取るものである。

感情にもたらす効果とは，例えば，形の優しさ，色の楽しさや寂しさ，木の温かさ，光の柔らかさ，形や色彩などの構成の美しさ，余白や空間の効果，立体感や遠近感，量感や動勢など，対象や事象に対し，感じて起こる心の動きによってもたらされる効果のことであり，心で感じ取るものである。

理解するとは，単に知識が新たな事柄として知ることだけに終始するものではなく，学んだ知識を活用しながら，生徒が自分の感じ方で形や色彩などを捉え，造形的な視点を豊かにするために生きて働く知識として実感を伴いながら理解し，身に付けていくことである。その際，生徒に造形を豊かに捉えさせたり考えさせたりするためには，性質的な面と感情的な面の両方から理解させることが重要である。ま

た，形や色彩などに対する感覚や考えは，場面に応じて柔軟に捉えることが大切である。例えば，〔共通事項〕のアの指導において，「A表現」(1)のアの感じ取ったことや考えたことを基にした発想や構想をする場面では，既成の概念や常識にとらわれることなく，それぞれ固有の特徴を自分の目と心で見つめて捉え，理解できるようにすることが大切である。それに対して，「A表現」(1)のイの目的や機能を考えた発想や構想をする場面では，形の構成や色彩などについての知識なども活用しながら客観的な視点を踏まえて，形や色彩の性質や感情にもたらす効果などを理解していくことになる。このように，造形的な視点を豊かにするための知識を身に付け，それらを活用しながら，場面に応じて造形を豊かに捉え，実感を伴いながら幅広く理解できるようにすることが大切である。

　形は，私たちの感情に様々な影響を与えている。例えば，椅子を例に考えると，椅子には，丸い形，四角い形，長細い形など様々な形のものがある。そして，形により受け取る印象は異なり，気持ちが楽しくなったり落ち着いたり，使う人に様々な感情などを生じさせている。表現や鑑賞に関する資質・能力を高めるためには，生徒が形の性質や，それらが感情にもたらす効果などを意識して捉え，発想や構想に関する資質・能力や，創造的に表す技能，鑑賞に関する資質・能力などを豊かに働かせるようにすることが大切である。そして，例えば，見る角度や遠近の関係により形の見え方が異なり，円が楕円に，長方形が台形に見えることや，形の組合せによる構成の美しさ，余白や空間の効果，錯覚などの人間の視覚の特性などにも気付かせることが大切である。美的感覚は単に感覚のみではなく，知的な構成力によっても支えられており，それらの知識が基盤となって形を一層豊かに捉え，広く理解できるようになるものである。

　色彩については，色の三属性や体系，色のもつ性質や感情にもたらす効果など色彩に関して総合的に理解し，様々な色の組合せや彩りが感情にもたらす効果について意識させることを大切にする。これにより，色を豊かに捉え，配色によって印象が変化することや組合せによる構成の美しさを捉えたり，色を色味や明るさ，鮮やかさの類似や対照などの組合せによって分析的に，あるいは総合的に捉えたりする資質・能力を身に付けさせる。例えば，淡い色の組合せから弱い感じや優しい感じを捉えたり，鮮やかさの程度の高い色の組合せから強い感じやはっきりした感じを捉えたりする。このような色彩についての様々な体験や，性質などの実感を伴う理解が色彩についての見方や捉え方を豊かにしていくことになる。

　材料については，その性質を理解することは，加工したり機能を考えたり材料を生かして発想したりする上で重要である。また，材料のもつ地肌の特徴や質感は，人間の感情を大きく左右する。材料には，粗い，硬い，なめらか，柔らか，しなやか，冷たい，温かい，重い，軽いなど，人間の感覚や感情に強く働きかける視覚的・

触覚的な特性がある。したがって,形や色彩と同様に欠かせない重要な要素である。これらの性質を体験や知識から実感を伴いながら理解できるようにすることが大切である。また,作品の鑑賞などでも,どのような材料の組合せが美しいか,調和するかなど,選び方や組合せ方の感覚を働かせながら鑑賞することも大切である。

　光については,色は光の反射により見えるので,科学的に捉えれば光と色は同一であるという考え方もある。しかし,例えば同じ風景や対象であっても,晴れた日と曇った日,朝と昼,白熱灯と蛍光灯での部屋の雰囲気の違いなど,光の当たり方により受ける印象が大きく変わってくる。また,光がつくりだす優しさや楽しさなどの雰囲気には,色料がもたらす色彩効果とは異なる効果があり,それにより様々な感情が創出されたり,心理状態を演出できたりする。このようなことから,造形を豊かに捉えることができるようにするためには,光という視点も重要であり,身近な生活の中でその効果について実感を伴いながら理解できるようにすることが大切である。

　造形的な特徴などを基に,全体のイメージや作風などで捉えることを理解するとは,対象となるものの全体に着目して,造形的な特徴などからイメージを捉えることができるように,見立てたり心情などと関連付けたりするなど全体のイメージで捉えることを理解したり,作風や様式などの文化的な視点で捉えるということについて理解したりすることを示している。

　生徒が表したいイメージを捉えて,豊かに発想し構想を練ったり作品などからイメージを捉えて豊かに鑑賞したりできるようにするためには,漠然と対象を見つめるだけではなく,具体物に見立てたり心情などと関連付けたりするなど全体のイメージで捉えるということを理解して対象を見つめることも重要である。例えば,造形的な特徴などから「この木の葉は手に見える」などのように見立てることや,「絵から感じられる寂しさが,夕焼けの景色を見た情景と似ている」など,心情と関連付けてイメージを捉えることなどがその例である。また,作風や様式などで捉えるということの理解から,「霧のかかった景色が水墨画のようだ」,「この作品は琳派の雰囲気がある」など,全体を文化的な視点から捉えることも重要であり,美術文化についての見方や感じ方を深めることにもつながるものである。

　イメージを捉える場合,必ずしも最初から全体のイメージや作風などで捉えることを理解し,根拠を明確にさせて対象のイメージを捉えさせるだけではなく,直感的な捉え方も大切である。例えば,風景や作品を見た瞬間にイメージが浮かぶことも少なくない。「ラッパを見て花びらのように見えた」ときに,必ずしもイメージとして捉えた根拠が明確でなくても,生み出されたイメージは大切にし,後からその根拠が明確になっていき〔共通事項〕のイの内容の理解が深まることもある。このような直感的な捉え方を重ねることも大切にする中で,一人一人の独自の造形的

な視点が豊かになり，自分らしい見方が育っていくものである。

〔共通事項〕を位置付けた指導

「Ａ表現」及び「Ｂ鑑賞」のそれぞれの指導事項において，「第３　指導計画の作成と内容の取扱い」の２(1)に示されている内容に配慮し，〔共通事項〕を適切に位置付けて題材の設定や指導計画の作成を行う必要がある。

〔共通事項〕を位置付けた各領域の指導については，次のような例が考えられる。

「Ａ表現」(1)のアでは，感じ取ったことや考えたことなどを基に主題を生み出す場面で，例えば，色彩の色味や明るさ，鮮やかさなどについて理解することで，造形的な視点を豊かにし，どのような感じを表現したいのか主題などについて深く考えさせることが考えられる。また，構想の場面で，自分が表現したいことを具体的にアイデアスケッチなどで表すときに，余白や空間の効果や遠近感，形や色彩などの組合せによる構成美などについて理解したことを活用して，「奥行きが感じられる形」，「落ち着いた感じの配色」などを考えさせたり，主題に照らしてイメージを捉えさせたりしながら構想を練らせることなどが考えられる。

「Ａ表現」(1)のイでは，目的や条件などを基に，他者の気持ちなどを考えて主題を生み出す場面で，形や色彩などから感じる優しさや楽しさ，寂しさなどの効果を理解しながら，「温かさが伝わる色彩」，「多くの人に伝わりやすい形」，「使う人の手に優しい形や材料」など，客観的な視点で形や色彩，材料，光などの性質や感情にもたらす効果を生かして，分かりやすさや使いやすさ，心地よさなどが他者に伝わるように考えさせながら主題に照らして調和のとれた洗練された美しさなどを考えさせて構想を練らせることなどが考えられる。

「Ａ表現」(2)では，創造的に表す技能を働かせる場面で，形や色彩，材料などが感情にもたらす効果や，心情などと関連付けて全体のイメージで捉えることを理解して技能を働かせることなどが考えられる。単に作業的に「赤色で花びらを塗る」，「木を削る」といった技能ではなく，「柔らかい感じが出るように赤い花びらを塗る」，「なめらかな感じが出るように木を削る」など，表したい感じを意識させることが大切である。また，制作が進む中で，自己の心情などと関連付けてイメージを捉えたり，自分の表したい感じが表現されているかを確認したりして，常に自分の表現を振り返りながら制作を進めることが重要である。

「Ｂ鑑賞」(1)では，作品などに対する思いや考えを話し合い，対象の見方や感じ方を広げる場面で，形や色彩が感情にもたらす効果を理解しながら，表現の意図と工夫に注目させて感じ取らせたり，作風などで捉えることを理解し，同じ作者の作品を鑑賞して作風などを捉えながら見方や感じ方を深めたりすることなどが考えられる。また，美術文化についての学習において，作風や様式などの文化的な視点で

捉えることの理解から,我が国と諸外国の美術や文化との相違点と共通点に気付くことで見方や感じ方を深めることなども考えられる。

教科の目標と学年の目標及び内容構成等の関連

教科の目標	学年の目標	内容の構成（全学年）					目標との関連
		領域等		項目	事項		
					指導内容	指導事項	
表現及び鑑賞の幅広い活動を通して，造形的な見方・考え方を働かせ，生活や社会の中の美術や美術文化と豊かに関わる資質・能力を次のとおり育成することを目指す。	(1)「知識及び技能」に関する目標	(1)各学年の「知識及び技能」に関する目標	領域	A 表現	(1)発想や構想に関する資質・能力	ア 感じ取ったことや考えたことなどを基にした発想や構想	(ｱ)感じ取ったことや考えたことなどを基にした発想や構想	「思考力，判断力，表現力等」
						イ 目的や機能などを考えた発想や構想	(ｱ)構成や装飾を考えた発想や構想 (ｲ)伝達を考えた発想や構想 (ｳ)用途や機能などを考えた発想や構想	
	(2)「思考力，判断力，表現力等」に関する目標	(2)各学年の「思考力，判断力，表現力等」に関する目標			(2)技能に関する資質・能力	ア 発想や構想をしたことなどを基に表す技能	(ｱ)創意工夫して表す技能 (ｲ)見通しをもって表す技能	「技能」
				B 鑑賞	(1)鑑賞に関する資質・能力	ア 美術作品などに関する鑑賞	(ｱ)感じ取ったことや考えたことなどを基にした表現に関する鑑賞 (ｲ)目的や機能などを考えた表現に関する鑑賞	「思考力，判断力，表現力等」
	(3)「学びに向かう力，人間性等」に関する目標	(3)各学年の「学びに向かう力，人間性等」に関する目標				イ 美術の働きや美術文化に関する鑑賞	(ｱ)生活や社会を美しく豊かにする美術の働きに関する鑑賞 (ｲ)美術文化に関する鑑賞	
			〔共通事項〕		(1)「A表現」及び「B鑑賞」の指導を通して指導	ア 形や色彩などの性質や感情にもたらす効果の理解		「知識」
						イ 全体のイメージや作風などで捉えることの理解		

第3章　各学年の目標及び内容

第1節　第1学年の目標と内容

●1　目　標

> (1) 対象や事象を捉える造形的な視点について理解するとともに，意図に応じて表現方法を工夫して表すことができるようにする。
> (2) 自然の造形や美術作品などの造形的なよさや美しさ，表現の意図と工夫，機能性と美しさとの調和，美術の働きなどについて考え，主題を生み出し豊かに発想し構想を練ったり，美術や美術文化に対する見方や感じ方を広げたりすることができるようにする。
> (3) 楽しく美術の活動に取り組み創造活動の喜びを味わい，美術を愛好する心情を培い，心豊かな生活を創造していく態度を養う。

学年の目標(1)は，育成することを目指す「知識及び技能」について示している。

対象や事象を捉える造形的な視点について理解するとは，造形要素の働きやイメージなどを捉えるために必要となる視点を理解することを示している。第1学年では，内容に示す各事項の定着を図ることを基本としていることから，基礎となるものも取り上げるようにする。また，ここでの知識は，実感を伴いながら理解することで身に付くものであることから，第1学年の発達の特性などを考慮し，表現及び鑑賞の活動を通して理解できるようにすることや，生徒が理解しやすい具体的な内容にするなど配慮することが大切である。

意図に応じて表現方法を工夫して表すこととは，発想や構想をしたことを基に，表現の意図に応じて技能を応用したり，表現方法を工夫したりして，更に美しい，面白いなどの表現を創意工夫して表すことを示している。創造的に表す技能の育成は美術の創造活動にとって重要であり，生徒一人一人の個性を生かしながら確実に育てていく必要がある。

特に第1学年では，小学校図画工作科における学習において身に付けた資質・能力や，様々な材料や水彩絵の具をはじめとする用具などの経験を基盤として，中学校段階として発想や構想をしたことなどを基に，形を描いたり色をつくったり，立体に表したりする技能を身に付けることを重視している。すなわち，形，色彩，材料などで自らの思いや意図を表現するのに必要な技能であり，材料や用具の使い方

など，表現の基礎となる技能を中心に身に付けることを目指している。

学年の目標(2)は，育成することを目指す「思考力，判断力，表現力等」について示している。ここでの「思考力，判断力，表現力等」とは，表現の活動を通して育成する発想や構想に関する資質・能力と，鑑賞の活動を通して育成する鑑賞に関する資質・能力であり，学年の目標(2)は，大きくはこの二つから構成されている。

自然の造形や美術作品などの造形的なよさや美しさ，表現の意図と工夫，機能性と美しさとの調和，美術の働きなどについて考えとは，発想や構想と鑑賞の双方に重なる資質・能力を示している。自然の造形や美術作品などの造形的なよさや美しさとは，対象を美術作品に限定せず，日用品を含む工芸品や製品，動植物，風景，四季や自然現象など，自然や環境，生活に見られる造形をも対象に含めた幅広いそのよさや美しさなどのことである。表現の意図と工夫，機能性と美しさとの調和とは，作品などに見られる主題や創造的な構成などの工夫や，デザインや工芸などにおける用と美のことである。美術の働きとは，身の回りにある自然物や人工物の形や色彩，材料などの造形要素の働きが，見る人や使う人の気持ちを心豊かにすることである。

美術科における「思考力，判断力，表現力等」は，これらの発想や構想をする際にも，鑑賞をする際にも働く中心となる考えを軸として，相互に関連して働くようにすることで高まっていく。

主題を生み出し豊かに発想し構想を練るとは，感じ取ったことや考えたこと，見る人や使う人などの立場に立った目的や条件などを基に主題を生み出し，美的，創造的な構成を考えながら発想し構想を練ることを示している。主題を生み出すこととは，一人一人の生徒が強く表したいことを心の中に思い描くことである。発想や構想は，主題がまず始めにあって，それに従って表現していくという一方向の表現過程のみならず，発想し構想を練りそれを表現していく過程で表しながら考え，試行錯誤しつつ発想や構想をしたことを見直したり修正を加えたりして，更によいものへと創意工夫をしながら循環的に高まっていくようにすることが大切である。時には，途中で失敗したと思ったことでもそれを出発点として新たに発想し，生かす工夫をすることで当初よりも一層よいものになっていくこともある。

美術の創造とは，このように考えながら表し，表しながら考える学習過程の中で，一人一人の生徒が強く表したいことを心の中に思い描き，よりよいものとして具体化していくことを大切にしてこそ育つものである。したがって失敗を恐れず，いろいろ発想しながら構想を練り，思い切って挑戦してみる態度と併せて育てることが大切である。

美術や美術文化に対する見方や感じ方を広げるとは，造形や美術作品などを見て美しいと感じる要因や，造形が美術として成立する特質，生活の中の美術の働きや

美術文化について，感じ取ったり考えたりするなどして鑑賞の視点を豊かにし，見方や感じ方を広げることである。

第1学年では，造形的なよさや美しさなどを感じ取り，表現の意図と工夫や，生活を美しく豊かにする美術の働き，美術文化について考えることで，見方や感じ方を広げることを目指している。

美術の表現は，思考や感覚，民族や文化，時代や地域などの美意識や思想などによっても異なる。特に美術文化については，生徒の身近な生活や地域にある日用品，美術作品，建造物などから，共通に見られる表現の特質などに気付かせることや，美術文化を様々な国や地域における美術表現の総体として捉えることにより，伝統的かつ創造的な側面をもつ美術文化に対する見方や感じ方を広げることが大切である。そのためには，造形の要素の働きの理解とともに美術作品などがもつ作風や様式などの文化的な視点で捉えることを理解し，これらの知識などを活用して作品を鑑賞することも大切である。

見方や感じ方を広げるためには，特定の鑑賞対象について個別に知識を学び理解をすることに重点を置くのではなく，自分の見方や感じ方を大切にするとともに，作品などについて説明し合う活動を通して多様な見方や感じ方があることを知ることも大切である。幅の広い豊かな鑑賞を実感するためには，造形的な視点を豊かにもち，自分の見方や感じ方で進んで鑑賞できるようにすることが重要である。

学年の目標(3)は，育成することを目指す「学びに向かう力，人間性等」について示している。

楽しく美術の活動に取り組み創造活動の喜びを味わいとは，第1学年での美術に関わる基本的な姿勢について述べている。第1学年では，美術の学習活動に，まず楽しく関わることが大切である。ここでの楽しさとは，表面的な楽しさだけではなく，夢や目標の実現に向けて追求し，自己実現していく充実感を伴った喜びのことである。それは，生徒一人一人が，目標の実現のために創意工夫を重ね，一生懸命に取り組む中から生じる質の高い楽しさである。創造活動の喜びは，新しいものをつくりだす表現及び鑑賞の活動を通して，個性やよさを発揮して自己実現したときに味わえる喜びである。したがって，生徒自らが学習の目標を明確にもち，その実現に向けて意欲的に取り組む学習の過程が大切である。

美術を愛好する心情を培い，心豊かな生活を創造していく態度を養うとは，美的なものを大切にし，生活の中で美術の表現や鑑賞に親しんだり，生活環境を美しく飾ったり構成したりするなどの美術を愛好していく心情を培い，心潤う生活を創造しようとする態度を養うことである。その育成のためには，学校生活だけでなく，学校外の生活や将来の社会生活も見据えて，生徒が造形を豊かに捉える多様な視点をもてるようにし，身の回りの生活を造形的な視点で見つめ，新たな気付きや発見

が生まれるような題材を設定するなど，心豊かな生活を創造する美術の働きを実感させることが重要である。

●2　内 容

A　表 現

> (1) 表現の活動を通して，次のとおり発想や構想に関する資質・能力を育成する。
>   ア　感じ取ったことや考えたことなどを基に，絵や彫刻などに表現する活動を通して，発想や構想に関する次の事項を身に付けることができるよう指導する。
>   (ア)　対象や事象を見つめ感じ取った形や色彩の特徴や美しさ，想像したことなどを基に主題を生み出し，全体と部分との関係などを考え，創造的な構成を工夫し，心豊かに表現する構想を練ること。
>   イ　伝える，使うなどの目的や機能を考え，デザインや工芸などに表現する活動を通して，発想や構想に関する次の事項を身に付けることができるよう指導する。
>   (ア)　構成や装飾の目的や条件などを基に，対象の特徴や用いる場面などから主題を生み出し，美的感覚を働かせて調和のとれた美しさなどを考え，表現の構想を練ること。
>   (イ)　伝える目的や条件などを基に，伝える相手や内容などから主題を生み出し，分かりやすさと美しさなどとの調和を考え，表現の構想を練ること。
>   (ウ)　使う目的や条件などを基に，使用する者の気持ち，材料などから主題を生み出し，使いやすさや機能と美しさなどとの調和を考え，表現の構想を練ること。

　「A表現」(1)は，造形的な見方・考え方を働かせ，対象や事象を見つめて，感じ取ったことや考えたことなどを基に主題を生み出し，全体と部分との関係などを考えて創造的な構成を工夫したり，身の回りの生活に目を向け，自分を含めた身近な相手を対象として目的や条件などを基に，見る人や使う人の立場に立って主題を生み出し，飾る，伝える，使うなどの目的や機能と美しさを考えたりする活動を通して，発想や構想に関する資質・能力を育成する項目である。

> ア　感じ取ったことや考えたことなどを基に，絵や彫刻などに表現する活動を通して，発想や構想に関する次の事項を身に付けることができるよう指導する。

アは，感じ取ったことや考えたことなどを基に，発想し構想をする学習に関する指導内容を示している。

第1学年では，自然や生活の中にある身近な対象や事象から，特徴や印象，美しさなど感じ取ったことや考えたことなどを基に発想や構想をすることをねらいとしている。ここでの主題は，対象や事象を造形的な視点で様々な角度から見つめながらそのよさや美しさ，特徴などを見付け，そこからイメージを引き出していくことにより創出されるものである。したがって，個々の生徒が自分で気付き，感じ取ったり考えたりして主題を生み出し，発想や構想をすることができるよう指導することが大切である。

> (ア) 対象や事象を見つめ感じ取った形や色彩の特徴や美しさ，想像したことなどを基に主題を生み出し，全体と部分との関係などを考え，創造的な構成を工夫し，心豊かに表現する構想を練ること。

(ア)は，対象や事象をじっくりと見つめて捉えた形や色彩の特徴や美しさ，身の回りの出来事や想像したことなどを基に主題を生み出し，全体と部分との関係などを考えて創造的な構成を工夫し，心豊かに表現するための発想や構想に関する指導事項である。ここでは，造形的な特徴や想像したことなどから，生徒自らが強く表したいことを心の中に思い描き，自分の思いや願い，よさや美しさへのあこがれなどを取り入れながら心豊かに表現する構想を練ることが重要である。

対象や事象を見つめ感じ取った形や色彩の特徴や美しさとは，生徒自らが自然や人物，動植物，身近にあるものや，出来事などに対して，感性を豊かに働かせることによって感じ取った形や色彩の特徴や，それらがもたらす様々なよさ，雰囲気，情緒，美などを示している。美しさなどを感じ取る感性は，中学生の時期には成長とともに豊かに育まれていく重要な資質・能力である。感じ取るということは生徒が主体的，能動的に感性を働かせることであり，生命感や躍動感などを，心豊かに感じ取ることが創造活動の出発点であるといえる。感性は，生まれながらの資質・能力だけではなく，成長過程における様々な刺激，事象の体験や経験を通して，社会的な価値やものの見方，感じ方に触れ，相乗的に育まれ能動的に社会や世界と関わりながら生きる基盤として機能するものである。

形や色彩の特徴とは，生徒が自らの感覚に基づいて感じ取った形や色彩，材料などの造形的な特徴を示している。具体的には，形がもたらす動きや遠近感，色彩の色味や明るさ，鮮やかさ，さらには，肌ざわりや硬さなどの質感や量感，時間的な変化，余白や空間の効果，生命感や存在感なども考えられる。また，美しさとは，対象そのものがもつ美や，形や色彩の組合せによる構成の美しさ，対象や環境全体

が醸し出している美しさやその雰囲気などをいう。

想像したこととは，体験などを基に感じたことや考えたこと，実際にはあり得ないこと，自分の思いや願いなどを心の中に思い浮かべることである。人間はこれまでに，現実に存在しないものを思い描き，未知なるものへの興味や関心から創造を繰り返してきた歴史がある。夢や希望を豊かに思い描くことはまさに創造の原点である。また，美術の表現活動は，視覚や触覚などの感覚を通して知ることのできる世界とは別に，心情といった不可視のものや時間といった抽象的な概念を思い描くことによって独自の世界を生み出すことができる。

豊かに想像するためには，イメージする力が重要であり，イメージの基になるものは過去の内的及び外的な経験である。しかしながら，単に経験をすればイメージが豊かになるものではない。イメージする力は，造形的な視点を豊かにし，生徒自ら能動的に発見したり試したり，外界に働きかけ，自己との関係性を築くことによって高まっていくものである。しかし，対象などへの様々な働きかけや活動があっても，直接見たり感じたりした体験が乏しかったり，これといった視点をもたないままに漠然と対象と関わったりするだけではイメージも乏しくなり，豊かな感性や想像力，発想や構想に関する資質・能力は育ちにくくなると考えられる。すなわち想像やイメージは，それまでの直接的，間接的な諸体験を通して記憶された知識や印象などから発するものである。そして自然や日常生活，身の回りの対象や事象を深く見つめ，それらと積極的に関わっていくことが，美術においても真実や意味，新たな価値などの発見や認識，感動，知的好奇心，創造力などを湧出していく上で極めて重要である。したがって，授業をはじめ学校内外の様々な体験を通して，感じ取ったことや感動したことを想起させたりよいものや美しいものへのあこがれをもたせたりすることなどをして，楽しい想像やあこがれの世界などを豊かに発想できるように指導することも大切である。

主題を生み出しとは，感じ取ったことや考えたことなどを基に，生徒自らが強く表したいことを心の中に思い描くことであり，発想や構想の学習を進める上で基盤となるものである。ここでは，対象や事象を見つめ感じ取ったことや想像したことなどを基に，内発的に主題が見いだせるようにすることが大切である。

例えば，題材において，題材名を校庭にある様々な木を対象に「木の〇〇を描く」とし，導入段階では，校庭に出て実際に木に触れてみたり，自然が奏でる音に耳を傾けてみたりしながら「各自が感じるそれぞれの木から感じるイメージ」について生徒に問いかける。その体験を通して，生徒は「力強い，繊細，しなやか」など，校庭の木についての各自のイメージを自然に膨らませて，自分が表したい主題を生み出しやすくなる。主題をどのように生み出させるかは，授業計画を考える上での重要な視点であることから，題材名も単に「木を描こう」ではなく，学習のねらい

が伝わるように工夫し，生徒が題材を自分のものとして受け止め，主題を考えやすくする配慮が必要である。また，表現の意図となる主題の創出や作者の心情などを，発想や構想と鑑賞の学習の双方に働く中心となる考えとして位置付け，表現と鑑賞の活動を関連させることにより主題について深めることなども考えられる。

　第1学年では，形や色彩から感じた特徴や，生活の中での様々な経験や気付きなどを基にしながらも，直感的なひらめきなどから主題が生み出される場合も多い。例えば，生徒の中には，最初の段階で主題を生み出し，構想に向かうことができる生徒もいれば，材料体験やアイデアスケッチなどを重ねることによって，主題が生み出せるようになる生徒もいる。また，作品などを鑑賞することによって主題を見付け出せることもある。このように必ずしも主題を生み出してから構想を練るという順序性ばかりではないことにも留意し，生徒の個性を踏まえて，一人一人が主題を生み出していく過程を重視した指導の工夫が大切である。

　全体と部分との関係などを考え，創造的な構成を工夫しとは，感じ取ったことや考えたことなどから生み出された主題を基に，一人一人が自分の表したい表現世界をどのようにしたいかを，全体と部分との関係などを考えて創造的な構成を工夫して発想や構想をすることである。

　指導に当たっては，生徒が対象のよさや美しさをどのように捉え，どのような主題をもち，それをどのように表すかという構想を明確化させる。また，構想を十分に練ることによって主題も深化するものである。しかし，第1学年では，感じたことや思いなど，主題とまではいえないものから構想を練ることも考えられる。例えば，材料を見たり触ったりしているときに感じたことや浮かんだイメージなどを基に構成を工夫し，「A表現」(2)の技能を働かせて具体的な形に表現していく活動などが考えられる。このように活動の中で表したいことが明確になり主題が生み出され表現が深まることもある。中学校では，主たる学習としては主題を生み出し，それを基に構想することになるが，特に第1学年においては小学校図画工作科の学習からの連続性を考えて，生徒の学習経験や指導のねらいに応じて材料や技法を試しながら発想や構想をする指導を位置付けることも考えられることから，生徒の実態や学習経験などを踏まえて，題材の設定を工夫する必要がある。

　主題をより効果的に表現していくためには，対象の形や色彩を全体と部分との関係で見ることや，形や色彩の大きさや配置の変化などを捉えるなどして創造的な構成を考えることが大切である。構想の場面では，主題をどのように表現するのかといった形や色彩，材料などを効果的に組み合わせて構成することが課題となる。平面作品では形や色彩を全体と部分との関係で捉えさせるなど，空間や余白などを生かした効果的な構成・構図や配色などの創造的な画面づくりへの配慮が必要である。また，立体作品では，全体と部分との関係，量感や動勢などが醸し出す雰囲気や空

間についても考える必要がある。表したいことの中心となるものを検討したり全体と部分との関係などを吟味したりしながら，表現の意図に応じた構図や，ものの配置や組合せの観点から創造的な構成を考えるようにすることが大切である。

　心豊かに表現する構想を練るとは，主題を基に，自分の思いや願い，よさや美しさへのあこがれなどを取り入れながら構想を練ることである。そのためには，生徒一人一人の個性やそれまでの体験などを生かして，感動したこと，発見したことなどを基に，スケッチや容易に扱える材料などを用いて表し，徐々にその思いを膨らませるなどして，構想を深めさせていくことが大切である。

　構想は主題を具体化する過程である。主題を深化させることと連動して，主題のイメージに合わせて，形や色彩や材料などの組合せ方など表し方の考えを深めていくことが構想の学習である。どのような表し方が主題を表現するためにふさわしいかといった視点で考えを吟味することによって構想が変化したり対象を見直したりすることにもなり，様々な可能性を追求する過程であるともいえる。構成を組み立てる際には，当初の考えにとらわれすぎることなく，つくりながら構想を練ることも必要なことである。

　したがって，構想の段階では主題を基に構想しながら，表そうとしているものの造形的な特徴から生まれるイメージなども生かして，自分にとってよりよい構成を工夫することが大切である。第１学年の場合，描いたりつくったりしながら構想が明確になったり，描いたりつくったりしていく中で構想が変わったりすることもよくある。このような場合，形や色彩の特徴などを基に，対象のイメージを捉えなおしていく過程が特に大切である。

　「Ａ表現」(1)のアの学習では，生徒が強く表したいことを心の中に思い描いたり，構想を練ったりできるようにすることが求められる。しかし，テーマを与えられていてもただ漠然と考えるだけではなかなか発想や構想をすることは難しいものである。そのため，主体的，対話的な活動などにより，自己の主題を深めたり，アイデアスケッチや言葉で発想や構想をしたことを整理したりすることも重要である。その際，〔共通事項〕との関連を図り，造形的な視点を豊かにすることで対象や事象を形や色彩，イメージなどの多様な視点で捉えられるようにすることが大切である。

　イ　伝える，使うなどの目的や機能を考え，デザインや工芸などに表現する活動を通して，発想や構想に関する次の事項を身に付けることができるよう指導する。

　イは，伝える，使うなどの目的や機能を考え，発想し構想をする学習に関する指導内容を示している。

第1学年では，主に生徒たちの身の回りの生活に目を向け，自分を含めた身近な相手を対象として飾る，伝える，使うなどの目的や機能と美しさを考えて，発想や構想をすることをねらいとしている。ここでの主題は，身の回りを造形的な視点で見つめながら構成や装飾，伝達や使用などの目的や条件を基に，個人としての感じ方や好みにとどまらず，家族や友人，学級や学校の中で他の生徒も共通に感じる感覚を意識することにより創出されるものである。したがって，自らの考えだけでなく，周囲の意見も参考にしながら，目的や条件を再確認して表したい主題を生み出し，発想や構想をすることができるよう指導することが大切である。

> (ｱ)　構成や装飾の目的や条件などを基に，対象の特徴や用いる場面などから主題を生み出し，美的感覚を働かせて調和のとれた美しさなどを考え，表現の構想を練ること。

　(ｱ)は，構成や装飾の目的や条件などを基に，対象の特徴や用いる場面などから主題を生み出し，美的感覚を働かせて形や色彩，材料などの美しい組合せや装飾を考えて表現するための発想や構想に関する指導事項である。ここでは，構成や装飾の対象の特徴や自分を含めた身近な相手が使う場面などから，生徒自らが強く表したいことを心の中に思い描き，個人としての感じ方や好みにとどまらず，身近な人たちに共通に感じる感覚を意識して色彩感覚や構成力，想像力などを働かせて表現の構想を練ることが重要である。

　構成や装飾の目的や条件などとは，「季節感を捉えて美しく構成をする」，「身近な人へのプレゼントの包装紙をデザインする」など，構成や装飾の目的や条件などのことである。目的には，造形の要素の働きを生かして，身の回りのものを使っていて楽しいものにすることや，生活をより豊かにするなどが考えられる。また，条件には，構成や装飾をする場所や構造，表現のための材料や用具，作品に兼ね備えるべき機能などがある。生徒は，教師によって示された目的や条件を基に，用いる場面などを考えながら自ら主題を生み出し，発想や構想をすることになるが，実感を伴いながら発想や構想ができるよう，生徒にとって必然性のある目的や条件の設定が求められる。

　対象の特徴や用いる場面などとは，構成や装飾を考える上で基となる対象の特徴や，それらを用いる場面などのことである。

　主題を生み出しとは，構成や装飾に対して生徒自らが強く表したいことを心の中に思い描くことであり，発想や構想の学習を進める上で基盤となるものである。ここでは，自分を含めた身近な相手を対象として主題が生み出せるようにすることが大切である。例えば，身近な人に贈る手提げ袋の装飾のデザインを考えるときに，

相手の好きな花の特徴からイメージを広げながら，使う場面などから主題を生み出すことなどが考えられる。

　美的感覚とは，美しさを感じ取るなどの美に対する感覚のことであり，それは，知的な思考力とも深く関わっている。美的感覚を働かせることは，対象や事象を造形的な視点で捉えてどこによさや美しさを感じるのか一人一人が思考・判断することである。美的感覚は対話的な活動を通して，相互に交流することなどにより一層高まり，より多様で豊かな造形的な視点をもつことにもつながっていく。そのため，小学校図画工作科の学習を踏まえ，構成，配色，材料など，造形の要素に関する基本的な考え方や方法なども学びながら美的感覚を働かせることが大切である。その際，色彩や構成の学習が単に言葉を暗記することに終始することや作業的な学習となるのではなく，造形を豊かに捉える多様な視点として実感を伴いながら理解できるよう配慮する必要がある。例えば色の性質について，具体的な配色の活動や，鑑賞の活動と関連を図りながら，身の回りの自然物や人工物の形や色彩などの美しさを感じ取る学習と組み合わせるなどの学習活動を工夫することも考えられる。ここでは，色彩を色みや明るさ，鮮やかさの類似や対照の組合せで見る視点を与えるなどして配色を自分の感覚で捉えさせるとともに，形が色彩によってその印象を変化させることなどについて実感を伴いながら理解できるようにすることが重要である。

　調和のとれた美しさなどを考え，表現の構想を練るとは，対象の特徴や用いる場面などから創出した主題を基に，単に目的や条件を満たすだけでなく，形や色彩などをどのように調和させて造形的なよさや美しさに反映させるのかということについて考えながら，表現の構想を練ることである。ここでは，個人としての感じ方や好みにとどまらず，身近な人たちに共通に感じる感覚を意識し，色彩感覚や構成力，想像力などを働かせて，形や色彩，材料などを選び出し，美しい組合せや装飾，豊かな生活空間などを考えていくことになる。構成や装飾に関する発想や構想をより豊かなものにしていくためには，自然や生活環境，日用品，衣服類などに見られる構成や装飾の美についても捉えさせ，周囲との調和を考えて美をつくりだしていく力を育成することが必要である。

　また，日本の伝統的な装飾，表現様式や美意識についても意図的に取り上げることも大切である。日本の伝統的なデザインには，動植物の形や色彩，自然現象などを豊かに捉えて発想されたものがあり，日常生活を楽しくしようとする美意識がある。また，余白を生かした構図や，単純化された独特の作風や表現形式，自然の色を基にした固有の色使いなど，形や色彩の構成にも日本の伝統や文化としての特色がある。美的感覚を働かせて構想を練る際に重要なことは，自分たちの身の回りにある構成や装飾のよさや面白さに気付かせるなどして，美しいものへのあこがれや

創意工夫の意欲をもてるようにすることである。そして，一人一人がよりよいものを追求し，構想の練り上げや計画性を大切にして意欲的に取り組めるようにすることが重要である。

> (イ) 伝える目的や条件などを基に，伝える相手や内容などから主題を生み出し，分かりやすさと美しさなどとの調和を考え，表現の構想を練ること。

(イ)は，伝える目的や条件などを基に，伝える相手や内容などから主題を生み出し，伝えたい内容を形や色彩，材料などを基に文字も含めて分かりやすさと美しさとの調和を考えて表現するための発想や構想に関する指導事項である。ここでは，伝える相手や内容などから，生徒自らが強く表したいことを心の中に思い描き，分かりやすさと美しさとの調和を考え，表現の構想を練ることが重要である。

伝える目的や条件とは，気持ちや価値観，情報などの伝える目的や，対象，方法，手段などの伝えるための条件のことである。伝達するための発想や構想を高めるためには，目的となる伝えたい内容が生徒にとって価値ある内容であり，伝えることの必要性が実感できることが重要である。特に第1学年では，生徒に身の回りの具体的な出来事や場面，人々が生活する姿などに目を向けさせることが大切である。生徒が主体的に周囲に働きかけるような学習活動を通して，気持ちや情報を伝える楽しさを味わわせることを重視し，生徒の実態を踏まえて柔軟かつ適切に課題を設定する必要がある。そして，生徒の表現への意欲が高まることにより，どのような内容が，どこで，どのような方法で伝わるかという受け手の印象や条件などについても具体的に考えることができるようになる。

伝える相手や内容とは，自分の思いや願い，考えなどを伝える相手や，知ってもらいたいことや理解してもらいたい伝えるべき内容のことである。

第1学年では，主に生徒の身近な相手を対象としていることから，伝える内容についても身近な相手に伝えたいことを生徒一人一人が自分との関わりの中で考えることができるような題材の設定に対する配慮が必要である。

主題を生み出しとは，伝えたい内容や相手に対して生徒自らが強く表したいことを心の中に思い描くことであり，発想や構想の学習を進める上で基盤となるものである。ここでは，生徒が自分で表したい内容を思いのままに自由に主題を生み出すのではなく，伝える目的や条件を基に，伝える相手の立場や気持ちを尊重することや，伝える内容についても，生徒自身の日常の生活体験の中から見付けさせ，主題を生み出せるようにすることが大切である。

他者の見方や捉え方を学ぶためには，他者に一方的に伝達して学習活動を終えるだけでなく，表現したものを基に他者と交流し合うことが大切である。したがって，

第1学年では，表現の受け手となる対象を，見知らぬ不特定多数の人々よりも身近な相手とする方が，発想や構想の場面でイメージを捉えやすい。さらに，他者にスケッチなどで主題や途中段階での構想を伝え，客観的な視点から表したものを直接見てもらい，その感想や評価などを受け取ることができるなどの利点もある。

　分かりやすさと美しさなどとの調和を考え，表現の構想を練るとは，伝えたい内容を分かりやすく美しく伝えるという目的と美との調和を考え，表現の構想を練ることである。分かりやすさと美しさとの調和は，ここでの表現の重要な条件であり，受け手が見たいと思うようなものを発信していく必要がある。分かりやすさと美しさは，相反するものではない。伝えたい内容において何が重要なのかを整理し，他者に分かりやすく伝えるために，造形的な視点から検討を重ね構成していくと，美しさも備わってくる。

　その際，伝える相手に対する視点がもてるよう，制作の途中段階での生徒同士の対話や発表会，説明し合う活動を行うなど，それぞれの主題や表現のよさを吟味したり，味わったりして認め合える場面を設定し，自己の美意識を働かせて形や色彩，材料などの組合せや構成を考えながら，より分かりやすく美しいものを目指して構想をすることなどが考えられる。また，鑑賞との関連では，身近な伝達のデザインなどを鑑賞し，主題を意識したり，目的や機能との調和のとれた美しさを感じ取ったりするなど，発想や構想との双方に働く中心となる考えを軸にして，伝達のデザインにおける表現の意図と図柄や配色，構成などの工夫を捉え，その効果について考えることでより豊かな構想につながることとなる。

> (ｳ)　使う目的や条件などを基に，使用する者の気持ち，材料などから主題を生み出し，使いやすさや機能と美しさなどとの調和を考え，表現の構想を練ること。

　(ｳ)は，用途や機能があるものを，使う目的や条件などを基に，使用する者の気持ちや材料の特性などから主題を生み出し，使いやすさや機能と美しさなどとの調和を考えて表現するための発想や構想に関する指導事項である。ここでは，使う人の気持ちや材料などから，生徒自らが強く表したいことを心の中に思い描き，造形の要素の働きを機能的な側面と使用する者の立場に立った客観的な側面とで捉え，表現の構想を練ることが重要である。

　第1学年では，他者に対する心遣いを大切にしながら主題を生み出し，創意工夫しながら発想や構想をすることが大切である。それには，表現の動機となる生徒の思いや願いを大切にし，他者や地域社会，自然への関心や理解を深めるなど，多様な視点から発想や構想をする方法を経験しながら，学習できるように配慮する必要

がある。こうした視点に立った学習活動は，美術科の特徴でもあり，重要な学習課題の一つである。

使う目的や条件などとは，楽しんだり，心地よさを感じたり，便利であったりなどの目的や使いみち，使われる場所や場面，使う人などの条件のことである。第1学年では主として身近な生活の範囲から，いつ，どこで，誰が使うかなど場面や状況を踏まえて，使いやすさや利用しやすさを考えるようにする。

使用する者の気持ち，材料などとは，自分を含めた身近な他者の気持ちや，材料の性質や特徴などのことである。

主題を生み出しとは，使う人の気持ちや材料などから生徒自らが強く表したいことを心の中に思い描くことであり，発想や構想の学習を進める上で基盤となるものである。ここでは，他者の理解や，相手を思いやる気持ちなど，使用する者の気持ちになって形や色彩，材料などで表現することや，材料が用途や機能に適しているかということを，材料の性質や特徴を様々な角度から考えて主題を生み出せるようにすることが大切である。使用する者の気持ちから表したいことを考える際には，他者にとって必要かつ好みに合うものをつくる，楽しんでもらう，心地よさを感じてもらうなど，生活を心豊かにする視点を大切にする。主題を生み出す場面で，こうしたことを大切にしながら追求していくことで，美術科の学習を通して，他者に対する理解や思いやり，優しさ，心遣いといった豊かな心が培われていく。また，材料などから表したいことを考える際には，身近な自然の材料や，地域で入手しやすい材料，伝統的なものなども活用し，日本の自然や四季の豊かさ，それらの恵みを材料として活用してきた先人の知恵などにも気付かせ，材料への理解や愛着を深めることが大切である。また，必要とする材料を，生徒自身が実際に触れることで，材料のもつ性質などを実感できるようにすることなども主題を生み出すためには重要である。

使いやすさや機能と美しさなどとの調和を考え，表現の構想を練るとは，使う目的や条件に基づきながら，使用する者の気持ち，材料の特性などを踏まえて，美しく表現するための構想を練ることである。生活に潤いを与えるためには，使いやすさや機能だけでなく，「使っていて楽しい」，「見ていて心地よい」など使う人が日常の中で感じることができるような美しさなどとの調和が重要である。使いやすさや機能は，使う人の気持ちを考え，検討した上で，形や色彩に反映されてはじめて意味をもつ。形や色彩，扱う材料を，機能的な側面と使用する者の立場に立った客観的な側面とで捉え，それらの特性を生かして発想や構想をすることが必要である。そのために鑑賞の活動と関連を図りながら，目的や機能との調和のとれた美しさを感じ取る学習と生活を美しく豊かにする美術の働きについて考える学習を組み合わせるなどの学習活動を工夫して，使う人の視点からデザインや工芸の見方や感じ方

を広げることも大切である。

> (2) 表現の活動を通して，次のとおり技能に関する資質・能力を育成する。
>   ア　発想や構想をしたことなどを基に，表現する活動を通して，技能に関する次の事項を身に付けることができるよう指導する。
>   (ア) 材料や用具の生かし方などを身に付け，意図に応じて工夫して表すこと。
>   (イ) 材料や用具の特性などから制作の順序などを考えながら，見通しをもって表すこと。

「A表現」(2)は，造形的な見方・考え方を働かせ，発想や構想をしたことを基に，自分の表現を具体化するために，材料や用具の生かし方などを身に付け，意図に応じて工夫して表したり，見通しをもって表したりするなどの活動を通して，技能に関する資質・能力を育成する項目である。

> ア　発想や構想をしたことなどを基に，表現する活動を通して，技能に関する次の事項を身に付けることができるよう指導する。

アは，発想や構想をしたことなどを基に，意図に応じて表現方法を工夫したり，制作の順序を考えたりしながら創造的に表す技能に関する指導内容を示している。

第1学年では，形や色彩，材料などの性質や，それらが感情にもたらす効果を理解し，造形感覚などを働かせて用具などを適切に扱い，制作の見通しをもちながら創意工夫して表すことができるよう指導することが大切である。そのため，小学校図画工作科での材料や用具などの学習経験を基に，単に一定の手順や段階を追って身に付く技能だけでなく，美術科における創造的に表す技能として身に付け活用できるように育成するとともに，創意工夫しながら追求していく態度の育成と併せて指導することが重要である。

さらに，「A表現」(2)を技能に関する資質・能力を育成する項目として独立させていることにより，表現の意図に合う表現方法を工夫して幅広い活動に積極的に取り組むことが期待される。また，この項目は，原則として「A表現」(1)のア及びイの一方と組み合わせて題材を構成することとしているが，特定の表現技法や技能などを学習させるために特に必要な場合は，比較的少ない単位時間で単独に扱うことも考えられる。この場合，年間の指導計画において，それを活用する題材を適切に位置付け，単に作業的な学習にならないよう配慮する必要がある。

> (ア) 材料や用具の生かし方などを身に付け，意図に応じて工夫して表すこと。

　(ア)は，材料や用具の生かし方などを身に付け，発想や構想をしたことなどを基に，意図に応じて工夫して表す技能に関する指導事項である。ここでは，材料や用具の特性を理解し，一人一人が自分の思い通りに描いたりつくったりすることができるようになることや，自分の意図を具現化するために材料や用具を生かしながら工夫して表すことが重要である。

　材料や用具の生かし方などを身に付けとは，自分の意図する形や色彩などに表すことができるよう，材料や用具の特性を理解し，工夫して表すための基礎となる技能を身に付けることである。美術の表現活動において，生徒が表現を創意工夫する際に，様々な材料を活用したり用具の生かし方や技法を試したりする姿が見られる。材料や用具の生かし方とは，このように，生徒自身が発想や構想をしたことをよりよく表すために，試行錯誤を繰り返す中で身に付けていくものである。したがって，ただ決められた方法で制作させたり知識や技能を一律に身に付けさせたりする指導では，自分の意図を具体化するための材料や用具の生かし方を身に付けることは難しい。そのため，自分の思いや対象を見つめたことから形や色彩の発見を促し，それを表す様々なコツなどを助言することが大切である。また，学校や生徒の実態に応じて，美術室など学習活動を行う環境を工夫し，生徒が様々な活動の機会に材料や用具を試したり体験したりして，幅広く材料や用具と出合えるようにすることが必要である。

　第1学年において体験させたい主な材料としては，描画では水彩絵の具やポスターカラー絵の具，墨，色鉛筆，ペン，パステル，色紙など，立体では粘土，木，石，紙などがある。これらの材料の中から表現に合う材料を選択し，その特徴と使い方や用具の扱い方を理解し生かしていくことができるようにすることが必要である。特に描画材料では，水彩絵の具は描画の基本となるものであり，繰り返し扱うなどして絵の具や筆の基本的な使い方をしっかり身に付け，一人一人が自分の表したいものを思い通りに描けるよう確かな指導をすることが大切である。また，表現効果を実感させるために，例えば使用する水彩絵の具の色数を限定し，色が醸し出す雰囲気や効果などを感じ取らせ，明暗による表現，混色や重色，ぼかしやにじみなどを体験させながら，その効果や美しさに気付かせるような題材なども考えられる。

　意図に応じて工夫して表すとは，生徒自らが強く表したいことを心の中に思い描き，発想や構想をしたことを，材料や用具を生かしながら工夫して表すことである。自分の意図に応じて工夫して表すためには材料や用具の生かし方だけでなく，形や色彩などの生かし方なども身に付けることが必要である。第1学年では，3年間の

美術科の学習を見通して，基礎となる技能を身に付けることができるよう，発展性のある材料や表現方法について意図的に取り上げ，形や色彩などによる表現効果を実感させることが大切である。

　形の表し方については，第１学年では，形の捉え方，表し方の指導とともに，大まかな遠近感や簡単な立体感も表せるよう指導する。例えば，立体物の見方を工夫することにより形を捉えやすくするコツを示すことや，鉛筆などを物差しとして近くと遠くの物の大きさの違いや傾きなどを測り対比させて形の特徴や遠近の感じを捉えさせるなどの方法を指導することはその一例である。

　立体としての形の表し方については，第１学年では，いろいろな角度から形体を捉え，立体としての量感や動勢などに気付かせて表現させるようにする。また，立体の表現では材料の選び方が重要である。例えば，粘土は，生徒が適度に抵抗感をもちながら，思いを表現できる材料である。何度もつくり直すことが可能なものも多く，特に形のもたらす働きや表現の効果に焦点を当て，それらを確かめながら取り組めるという利点がある。また，段ボールや厚紙などの紙素材は，ある程度の強度があり，切る，貼る，折る，つなげるなど様々な表現が容易に試せるため，平面や曲面を使った形体の表し方に焦点化した立体表現を行うことが可能である。このように，材料を限定することにより，立体で表現する力を育成することも考えられる。

　色彩の表し方については，既成の概念や常識的な色の表現にとらわれることなく，自分の目と心で深く観察し，固有の彩りの特徴を捉え，感じた色などを素直に表すことが大切である。絵は写真と異なり自分の表したい形や色彩で画面をつくっていくところに特質がある。したがって，必ずしも固有色にこだわらず自分の表したい色彩で表せることを指導することによって，様々な色を見たり実際につくったりして色に対する体験を豊かにし，表現への抵抗感を少なくすることができる。

　自分の表現を具体化することは，自分の中で創出した主題や考えた構想が作品という形として生まれることである。表現における創造活動の喜びは，その結果だけにあるのではなく，意図に応じた工夫や試行錯誤する自己決定の過程を通した自己実現にあるといえる。指導においては，結果のみを重視するのではなく，生徒一人一人の工夫の過程を見取り，評価していくことも大切である。

(イ)　材料や用具の特性などから制作の順序などを考えながら，見通しをもって表すこと。

(イ)は，生徒が表現の活動の中で，自分の思いや意図をよりよく実現するために，制作の効率や順序などを考えながら見通しをもって描いたりつくったりするなどの

技能に関する指導事項である。ここでは，発想や構想をしたことを基によりよく表現するための目標と見通しをもって，材料や用具の特性などからどのように描いたりつくったりするかを考えながら計画的に表すことが重要である。

材料や用具の特性などから制作の順序などを考えとは，材料や用具を効果的に使いこなすために，その特性などから制作の順序や見通しを考えることである。制作の順序を考えることは，一つ一つの制作の過程において次への手立てを意識しながら制作を進めることであり，自分の表したい主題を美しく効果的に表現する上で重要である。

例えば，描く活動において，色を重ねるときに明るい色から暗い色を重ねていくように手順を工夫したり，色の深みの効果を考えて下地の色を工夫したり，ある部分に色を置いてみて，その効果を見ながら次の色を置いたりするなどが考えられる。また，つくる活動においては，全体的な形を大まかに捉えて立体を把握し，量感や動勢などを意識してつくり，さらに全体と部分との関係に注意して細部の形を捉えながら表すことなどが考えられる。材料が木や石の場合には，彫る順序や木目・石目の方向など，材料の性質に沿った彫り進め方や用具の扱い方を考えてつくっていく必要がある。

一方で，制作の途中で考えていた順序が変わることもある。例えば，材料や用具を使って実際に表す過程では，生徒が制作の当初には想像していなかった自己の発想や構想の成果や課題を発見したり，そのことからより新しいものを考え出したりすることもある。偶然できた形などからイメージが膨らんで，色を重ねる順番を変えたり地の形から図を引き立てたりといった制作の過程を変更することも考えられる。そのような場合には，計画どおりに完成させることにこだわることなく，創造的に表す技能を働かせてより創造性に富んだ作品にしていくことが大切である。

見通しをもって表すとは，自分の表したいことを具現化できるように表現の効果などを考えながら，計画を立てて表すことである。生徒一人一人の表したいものに応じて，それにふさわしい大きさや形体，つくり方などについての適切な指導を行い，完成までの目標と見通しをもって計画的に表すことができるようにすることが大切である。また，見通しをもたせるためには，生徒の実態に合った表現方法や材料を選定することが大切である。そのため，程度が高すぎたり，表すことに過度に時間がかかったりしないような題材の設定に対する配慮が必要である。

B 鑑 賞

> (1) 鑑賞の活動を通して，次のとおり鑑賞に関する資質・能力を育成する。
>   ア　美術作品などの見方や感じ方を広げる活動を通して，鑑賞に関する次の事項を身に付けることができるよう指導する。
>   (ア) 造形的なよさや美しさを感じ取り，作者の心情や表現の意図と工夫などについて考えるなどして，見方や感じ方を広げること。
>   (イ) 目的や機能との調和のとれた美しさなどを感じ取り，作者の心情や表現の意図と工夫などについて考えるなどして，見方や感じ方を広げること。
>   イ　生活の中の美術の働きや美術文化についての見方や感じ方を広げる活動を通して，鑑賞に関する次の事項を身に付けることができるよう指導する。
>   (ア) 身の回りにある自然物や人工物の形や色彩，材料などの造形的な美しさなどを感じ取り，生活を美しく豊かにする美術の働きについて考えるなどして，見方や感じ方を広げること。
>   (イ) 身近な地域や日本及び諸外国の文化遺産などのよさや美しさなどを感じ取り，美術文化について考えるなどして，見方や感じ方を広げること。

「B鑑賞」(1)は，造形的な見方・考え方を働かせ，自然や生活の中の造形，美術作品や文化遺産などから，よさや美しさなどを感じ取り，作者の心情や表現の意図と工夫，生活の中の美術の働きや美術文化について考えるなどの見方や感じ方を広げる活動を通して，鑑賞に関する資質・能力を育成する項目である。

> ア　美術作品などの見方や感じ方を広げる活動を通して，鑑賞に関する次の事項を身に付けることができるよう指導する。

アは，美術作品などから，造形的なよさや美しさを感じ取り，表現の意図と工夫などについて考え，見方や感じ方を広げる学習に関する指導内容を示している。

第1学年では，代表的な絵や彫刻，デザインや工芸の作品や製品，児童生徒の作品などを対象に，感性や想像力を働かせてそのよさや美しさを楽しみ味わいながら，鑑賞に親しみ，美術特有の表現のすばらしさなどを感じ取ったり，作者の心情や表現の意図と工夫などについて考えたりして，作品や対象の見方や感じ方を広げることができるよう指導することが大切である。

> (ｱ) 造形的なよさや美しさを感じ取り，作者の心情や表現の意図と工夫などについて考えるなどして，見方や感じ方を広げること。

　(ｱ)は，絵や彫刻などの，感じ取ったことや考えたことなどを基に表現された作品などから，造形的なよさや美しさを感じ取るとともに，作者の心情や表現の意図と工夫などについて考えるなどして，見方や感じ方を広げる鑑賞に関する指導事項である。ここでは，作品などと幅広く向かい合うことや，対話的な活動などにより作品などに対する思いや考えを説明し合うなどして，見方や感じ方を広げることが重要である。

　造形的なよさや美しさとは，美術作品などの形や色彩などから感じられるよさや美しさのことである。第１学年では，対象をじっくりと見つめる時間を大切にし，自分の感覚で素直に味わうとともに，教師が示した課題や助言などを基に，形や色彩，材料などに視点を置いて感じ取ったり考えたりするなどの学習が必要である。

　作者の心情や表現の意図と工夫などについて考えるとは，作者の関心や発想，作品に込められた心情，その作品によって何を表現したかったのかという意図と，それがどのように表現されているかという工夫について考えることである。作品を鑑賞するとき，主題と表現の工夫を関連させて捉え，主題との関わりで表現技法の選択や材料の生かし方の工夫などを見ていこうとすることが重要である。また，心情や表現の意図と工夫などは，必ずしも正解があるものではないので，作品が表している内容や形，色彩，材料，表現方法などから，主体的に自分としての根拠をもって読み取ることが大切である。

　見方や感じ方を広げるとは，美術作品などの造形的なよさや美しさを感じ取り，作者の心情や表現の意図と工夫などについて考えるなどして鑑賞の視点を豊かにし，見方や感じ方を広げることである。その際，生徒が自分の感じ取ったことや気付いたこと，考えたことなどについて，対話などを通してお互いに説明し合う中で，自分にはない新たな見方や感じ方に気付かせることが大切である。

　鑑賞の学習では，言葉で考えさせ，その考えを整理させることも重要である。漠然と見ていては感じ取れないことが，言葉にすることによって美しさの要素が明確になり，より確かに感じ取ることができる。言葉で表現することは見る視点を整理することにもなり，鑑賞に関する資質・能力を高めるためには必要なことである。授業の中で「明暗の対比」や「リズム」，「柔らかい色調」などの造形に関する言葉を意図的に用いて説明したり話し合ったりすることで，一人では気付かなかった新たな視点で対象を捉えられるようになることもある。このように，主体的，対話的な活動を通して，ものの見方や感じ方を豊かにしていくことが重要である。

また，発想や構想の学習と関連させることで，見方や感じ方が一層広がっていくことが考えられる。例えば，「B鑑賞」(1)のア(ア)と「A表現」(1)のア(ア)の「感じ取ったことや考えたことなどを基にした発想や構想」の学習との関連では，双方に働く中心となるものの一つとして「作者の心情や意図」について考えることが挙げられる。それぞれの学習において生徒が，作者の心情や意図について意識して考えるようにすることで，この中心となる考えが軸となり，鑑賞の学習で作者の心情や意図について学んだことが，発想や構想の学習において，自己の心情から主題を生み出すことや構想の学習に働くようになる。また，発想や構想の学習で主題の創出や構想について学んだことが，今度は鑑賞において作者の心情や意図についての見方や感じ方を広げることになる。

> (イ) 目的や機能との調和のとれた美しさなどを感じ取り，作者の心情や表現の意図と工夫などについて考えるなどして，見方や感じ方を広げること。

　(イ)は，デザインや工芸などの，目的や機能を考えて表現された作品などから，造形的なよさや美しさ，機能性と美しさを調和させた表現のすばらしさを感じ取るとともに，主題や表現の意図と工夫などについて考えるなどして，見方や感じ方を広げる鑑賞に関する指導事項である。ここでは，じっくりと作品などに向き合うことや，対話的な活動などにより作品などに対する思いや考えを説明し合うなどして，見方や感じ方を広げることが重要である。

　目的や機能との調和のとれた美しさとは，生活の中にあるデザインや工芸などに見られる機能性との調和のとれた美しさのことである。学習においては，伝える，使うなどの目的や機能が形や色彩，材料とどのように調和して造形に美しく反映しているかなど幅広い視点で鑑賞を深めていくことが重要である。

　作者の心情や表現の意図と工夫などについて考えるとは，使う人に対する作者の温かい心遣い，作品に込められた作者の思いや願いなどに基づいた表現の工夫について考えることである。作品を鑑賞するとき，作者の思いや願い，作品に対するコンセプトなどを考えながら機能性と美との調和，表現技法の選択や材料の生かし方の工夫などについて着目することが重要である。また，デザインや工芸の鑑賞では，自分の感覚や印象を大切にすると同時に，合理的，客観的な視点ももちながら読み取ることが大切である。

　見方や感じ方を広げるとは，目的や機能との調和のとれた美しさなどを感じ取り，作者の心情や表現の意図と工夫などについて考えるなどして鑑賞の視点をもち，見方や感じ方を広げることである。その際，デザインのもつ，飾る，伝える，使うなどの目的や機能と，作品に対する作者の思い，表現の意図や工夫などについて，対

話などを通して説明し合う中で,自分にはない新たな見方や感じ方に気付かせたり,多くの人が共通に感じる客観的な見方や捉え方などについて考えさせたりすることが大切である。また,発想や構想の学習と関連させることで,見方や感じ方が一層広がっていくことが考えられる。

> イ 生活の中の美術の働きや美術文化についての見方や感じ方を広げる活動を通して,鑑賞に関する次の事項を身に付けることができるよう指導する。

イは,生活の中の身近な造形や文化遺産などから,よさや美しさなどを感じ取り,生活の中の美術の働きや美術文化について考えるなどして,見方や感じ方を広げる学習に関する指導内容を示している。

第1学年では,身の回りにある自然物や人工物,身近な地域や日本及び諸外国の美術の文化遺産などの鑑賞に親しみながら,それらの見方や感じ方を広げることを重視している。特に美術文化に関する鑑賞では,複数の作品を鑑賞するなどして,共通して見られる表現の特質や美意識,価値観などに気付かせ,美術文化や伝統に対する見方や感じ方を広げることができるよう指導することが大切である。

> (ア) 身の回りにある自然物や人工物の形や色彩,材料などの造形的な美しさなどを感じ取り,生活を美しく豊かにする美術の働きについて考えるなどして,見方や感じ方を広げること。

(ア)は,生活の中で身の回りにある自然物や人工物などの,造形的な美しさなどを感じ取り,見る人や使う人の気持ち,生活を美しく豊かにする美術の働きについて考えるなどして,見方や感じ方を広げる鑑賞に関する指導事項である。ここでは,身の回りにある自然物や人工物などを見つめ直し,対話的な活動を通して,美術の働きについての見方や感じ方を広げることが重要である。

身の回りにある自然物や人工物の形や色彩,材料などの造形的な美しさなどを感じ取りとは,ふだん見過ごしている自然物や人工物の形や色彩,材料などに視点を置いて意識して捉え,造形的な美しさを感じ取ることである。

身の回りにある身近な風景や自然現象,街で見られる人工物などについて,そのよさや美しさを意識して捉えることが大切である。例えば「日差しによって生み出される木の影の形が面白い」,「夕焼け空と雲の織りなす色彩の変化が美しい」など,形や色彩がもつ性質や,それらが感情にもたらす効果に注目したり,「この並木道を見ていると心が落ち着くのはなぜだろう」,「この街並みの舗装がれんが色で統一されていたらどんな感じがするだろう」など,造形的な視点から課題意識をもって

捉えたりする。そうすることにより，自分の中でこれまで気付かなかった新たな感覚が生じてくることになる。

生活を美しく豊かにする美術の働きについて考えるとは，私たちが日常的に形や色彩，材料などに囲まれて生活していることを意識して考え，生活の中の様々なものから，その形や色彩などを通してメッセージを受け取り，心豊かに生活していることを実感することである。その際，人間がつくったものから様々なイメージを感じ取ることはもちろんであるが，自然の風景やものなどに関しても，形や色彩，空間の広がりなどに注目して，その雄大さや美しさなどを感じ取ることが大切である。このように，形や色彩などに注目し，文字や言葉だけでは表し得ない，形や色彩などによるコミュニケーションを通して，生活と豊かに関わる態度を育むことは，生活を美しく豊かにする美術の働きを実感するためには必要である。

見方や感じ方を広げるとは，身の回りにある自然物や人工物の造形的な美しさなどを感じ取り，生活を美しく豊かにする美術の働きについて考えるなどして鑑賞の視点を豊かにし，見方や感じ方を広げることである。その際，生活を美しく豊かにする美術の働きなどについて，多面的に捉えることができるようにするために，〔共通事項〕に示す事項を視点として教師と生徒や，生徒同士が対話し，それによって見方や感じ方を広げていくことも有効である。

> (イ) 身近な地域や日本及び諸外国の文化遺産などのよさや美しさなどを感じ取り，美術文化について考えるなどして，見方や感じ方を広げること。

(イ)は，身近な地域や日本及び諸外国の美術の文化遺産などを鑑賞し，受け継がれてきた独自の美意識や創造の精神などを感じ取り，美術文化と伝統について考えるなどして，見方や感じ方を広げる鑑賞に関する指導事項である。ここでは，複数の作品を鑑賞する中で，共通して見られる表現の特質や美意識，価値観などに気付かせ，美術文化や伝統に対する関心を高めながら考えさせるなどして，見方や感じ方を広げることが重要である。

身近な地域や日本及び諸外国の文化遺産などとは，よさや美しさを感じ取ったり，美術文化と伝統について考えたりする学習における鑑賞の対象を示している。

ここでの文化遺産とは，絵画，彫刻，デザイン，工芸，建築，生活用具などや，それらをつくりだした創造的精神や技術など，人々が自らの生活や人生をより豊かで充実したものにするために，それぞれの国や民族が長い歴史の中で，築き上げ受け継いできた有形・無形の文化財などのことを示しており，それらには，大切に守ってきた多くの人々の願いや美へのあこがれなどが凝集されている。

身近な地域における鑑賞の対象としては，地域にある伝統的な工芸品や祭りの山

車,建造物などに加えて,家庭にある掛け軸や扇子,風呂敷なども考えられる。日本及び諸外国における鑑賞の対象については,一般に生徒は,西洋の美術については関心も高く見る機会も多いが,日本の美術や文化面で日本と関わりの深いアジアの美術については関心が低い傾向にある。ここでは,美術文化についての見方や感じ方を広げる観点から,関心などを高めながら日本とアジアの美術や美術文化について取り上げることが大切である。

よさや美しさなどを感じ取り,美術文化について考えるとは,文化遺産などを鑑賞することを通して,その特性やよさに気付き,美術文化と伝統を実感的に捉えることである。加えて,伝統的な表現や価値観が,現代の生活にも息づいており,日々の生活の中で私たちがそれらに親しみ理解して生活していることに気付かせることも大切である。例えば,絵をはじめ日用品や衣類,建造物など,生活にある身の回りのものを見たときに,どことなく「和風」あるいは「洋風」であると感じることがある。また,中国や朝鮮半島の伝統的な家や部屋のつくり,調度品などからは,日本との共通性や違いを感覚的に感じることができる。それは,生徒が日常生活の中で文化に慣れ親しんできており,その特性などを無意識ではあるが理解しているからである。美術文化の学習では,文化遺産としての過去の美術作品などを鑑賞することは大切であるが,それは,その時代のみの独立したものではなく,更に遠い過去から現代に続く大きな歴史の文脈の中でつくられたものであることを意識させる必要がある。生徒は今生きている現代から過去を見ることになるので,現代社会の中で身に付けた価値観などを生かして,過去の作品の作風や様式などを理解し,伝統や文化に対する関心を高めながら考えることができるような指導が重要である。

鑑賞の学習では,生徒の主体的な鑑賞の活動を促すために,自己との対話などにより一人一人が自分の見方や感じ方をもてるようにする場面や主体的に学習を見通し振り返る場面をどこに設定するか,グループなどで対話する場面をどこに設定するか,学びを深めるために,生徒が考える場面と教師が教える場面をどのように組み立てるか,といった観点から授業の構成を工夫することが必要である。

見方や感じ方を広げるとは,身近な地域や日本及び諸外国の美術の文化遺産などのよさや美しさなどを感じ取り,美術文化について考えるなどして鑑賞の視点を豊かにし,見方や感じ方を広げることである。グローバル化する社会の中で,生徒には,美術を学ぶことを通じて感性等を育み,日本文化を理解して継承したり,異文化を理解し多様な人々と協働したりできるようになることが求められている。このため,美術の伝統や文化について,実感を伴いながら捉えられるようにすることが重要である。

また,ここでの指導に当たっては,鑑賞の活動に必要な地域の人材や施設等の活

用を図り，実感の伴う学びを実現することで，積極的に鑑賞しようとする気持ちを高めたり，見方や感じ方を広げたりすることも効果的である。

第3章 各学年の目標及び内容

〔共通事項〕

> (1)「A表現」及び「B鑑賞」の指導を通して,次の事項を身に付けることができるよう指導する。
> 　ア　形や色彩,材料,光などの性質や,それらが感情にもたらす効果などを理解すること。
> 　イ　造形的な特徴などを基に,全体のイメージや作風などで捉えることを理解すること。

〔共通事項〕(1)は,「A表現」及び「B鑑賞」の学習において共通に必要となる造形的な視点を豊かにするために,形や色彩,材料,光などの性質や,それらが感情にもたらす効果,造形的な特徴などを基に,全体のイメージや作風などで捉えることを理解する項目である。

形や色彩,材料や光などの造形の要素に着目してそれらの働きを捉えたり,全体に着目して造形的な特徴などからイメージを捉えたりする造形的な視点は,美術科ならではの視点であり,教科で育成する資質・能力を支える本質的な役割を果たすものである。造形的な視点を豊かにするためには,単に感覚的な活動だけに終始するのではなく,これまでの様々な経験とともに,視点の基盤となる造形の要素の働きや全体のイメージや作風などで捉えることに関する知識も活用できるようにすることが必要である。

〔共通事項〕は,それ自体を単独で扱ったり,単に新たな事柄として知ることや言葉を暗記することに終始したりするものではない。ここでは,「A表現」及び「B鑑賞」の指導と併せて,示された内容について指導することによって生徒一人一人の造形的な視点を豊かにし,作品や身の回りの生活の中の形や色彩などの造形の要素や全体に意識を向けて着目したり,造形の要素の働きやイメージを捉えたりできるようにすることが大切である。

> 　ア　形や色彩,材料,光などの性質や,それらが感情にもたらす効果などを理解すること。
> 　イ　造形的な特徴などを基に,全体のイメージや作風などで捉えることを理解すること。

アは,形や色彩,材料,光などのそれぞれの性質や,それらが感情にもたらす効果などについての理解に関する指導事項,イは,造形的な特徴などから,全体のイメージや作風などで捉えることについての理解に関する指導事項である。

第1学年では，内容に示す各事項の定着を図ることを基本としている。その観点に立って，生徒が造形を豊かに捉える多様な視点がもてるように，「第3　指導計画の作成と内容の取扱い」の2(1)に示されている内容に配慮し，アでは，作品などの造形の要素などに着目させて，色彩の色味や明るさ，鮮やかさや，材料の性質や質感，形や色彩などの組合せによる構成の美しさなどについて実感を伴いながら理解できるようにする。イでは，作品などの全体に着目させて，造形的な特徴などを基に見立てたり心情などと関連付けたりして全体のイメージで捉えることや，作風や様式などの文化的な視点で捉えることなどについて実感を伴いながら理解できるようにし，ア及びイの事項の理解が，造形的な視点を豊かにし，第1学年の表現及び鑑賞の学習の中で生きて働くようにすることが大切である。

〔共通事項〕を位置付けた各領域の指導

　〔共通事項〕は「A表現」及び「B鑑賞」の指導と併せて，十分な指導が行われるように工夫することが大切である。また，〔共通事項〕により造形的な視点をもちながら，第1学年としての表現及び鑑賞に関する資質・能力を身に付けることができるよう，表現及び鑑賞の各活動に適切に位置付け，題材の設定や指導計画の作成を行う必要がある。

　〔共通事項〕を位置付けた各領域の指導については，次のような例が考えられる。

　「A表現」(1)では，色彩の色味や明るさ，鮮やかさについて理解したり，造形的な特徴などを基に，見立てたり心情などと関連付けたりして全体のイメージで捉えることを理解させながら，アでは，対象などの特徴や印象，美しさなどを感じ取らせて主題を創出させたり，主題を基に表現のイメージをもたせて全体と部分との関係を考えて構想したりする。イでは，身の回りに必要な目的や条件について考えさせたり，構想する場面で，形や色彩などの組合せによる構成の美しさなどの全体に着目させて，自分が表現しようとしていることを意識して具体的にアイデアスケッチなどで考えさせたりするなどの学習活動が考えられる。

　「A表現」(2)では，創造的に表す技能を働かせる場面で，形や色彩，材料などの性質や，それらが感情にもたらす効果，材料の質感などに着目させ，常に自分の表したい感じをもって工夫しながら表していくなどの学習活動が考えられる。

　「B鑑賞」では，作品などに対する思いや考えを話し合い，対象の見方や感じ方を広げる場面で，漠然と作品を鑑賞するのではなく，〔共通事項〕に示す事項の視点から鑑賞することで，作品を構成している形や色彩などが感情にもたらす効果や，造形的な特徴を基に各自が捉えたイメージなどについて話したり他の生徒の意見を聞いたりするなどして，作品の見方や感じ方を広げたり，〔共通事項〕に示されている内容についての理解を深めるなどの学習活動が考えられる。また，作風や様式

などで捉えることを理解することにより，美術作品や文化遺産などを文化的な視点から見つめ美術文化について考えることで見方や感じ方を広げることなどが考えられる。

　〔共通事項〕の指導に当たっては，第１学年の表現及び鑑賞に関する資質・能力がより豊かに身に付けられるよう，〔共通事項〕を適切に位置付け，生徒が造形を豊かに捉える多様な視点をもてるようにするとともに，示されている内容について実感を伴いながら理解できるようにすることが大切である。

3 内容の取扱い

第1学年の美術の表現及び鑑賞の指導については，以下の(1)及び(2)の事項について配慮しなければならない。

> (1) 第1学年では，内容に示す各事項の定着を図ることを基本とし，一年間で全ての内容が学習できるように一題材に充てる時間数などについて十分検討すること。

第1学年の表現及び鑑賞の指導

第1学年においては，基礎となる資質・能力の定着を図ることを重視し，表現及び鑑賞に関する資質・能力が幅広く身に付くようにする。「A表現」(1)においては，ア及びイのそれぞれにおいて描く活動とつくる活動をいずれも扱うようにし，特定の表現分野の活動のみに偏ることなく全ての指導事項の定着を図るようにする。「B鑑賞」においては，アの「美術作品など」に関する学習と，イの「美術の働きや美術文化」に関する学習の全ての指導事項の定着を図るようにする。

第1学年では，年間45単位時間という時数の中で全てを扱うことになるため，「A表現」と「B鑑賞」の相互の関連や，一題材に充てる時間数などについて十分検討し，第1学年において育成を目指す資質・能力を偏りなく身に付けることができるようにする必要がある。そのため，比較的少ない単位時間で各指導事項の内容が身に付くような題材を効果的に位置付け，指導計画を作成することが大切である。

> (2) 「A表現」及び「B鑑賞」の指導に当たっては，発想や構想に関する資質・能力や鑑賞に関する資質・能力を育成する観点から，〔共通事項〕に示す事項を視点に，アイデアスケッチで構想を練ったり，言葉で考えを整理したりすることや，作品などについて説明し合うなどして対象の見方や感じ方を広げるなどの言語活動の充実を図ること。

第1学年における言語活動の充実

「A表現」及び「B鑑賞」の指導において，発想や構想に関する資質・能力や鑑賞に関する資質・能力を育成する観点から，アイデアスケッチなどで形や色などを使って考えを広げたり，言葉で考えさせたりして，その考えを整理させることが重要である。それは，主題のイメージに合わせて考えを整理することが，形や色彩，材料などの様々な組合せ方について追求することにつながり豊かに構想を練ることができるようになったり，それまでは漠然と見ているだけでは感じ取れなかったこ

とが,美しさの要素が明確になることで感じ取れるようになったりするからである。

　発想や構想の学習では,感じ取ったことや考えたこと,目的や条件などを基に,言葉で考えを整理することで,主題を生み出したり,アイデアスケッチや扱いの容易な材料を用いて形や色彩などを試行錯誤することにより構想を深めたりすることなどが考えられる。鑑賞の学習では,自分の気付いたことや考えたことなどをお互いに言葉で説明し合う活動を通して,自分にはない新たな見方や感じ方に気付き,見方や感じ方を広げることなどが考えられる。

　言語活動の充実を図る際には,「何のために言語活動を行うのか」ということを教師が明確にすることが大切である。例えば,生徒の各活動に取り組んでいる状態を十分に把握せずに言語活動を特に必要としていない場面で形式的に行ったり,〔共通事項〕に示す事項の視点が十分でないままの単なる話合い活動に終始したりすることのないように留意する必要がある。また,他者と意見を交流するなどの活動では,新たな考え方や価値への気付きにつながるように,生徒一人一人が自己と対話してじっくりと考えを深められるような学習活動の設定も必要である。

第2節　第2学年及び第3学年の目標と内容

1　目　標

> (1) 対象や事象を捉える造形的な視点について理解するとともに，意図に応じて自分の表現方法を追求し，創造的に表すことができるようにする。
> (2) 自然の造形や美術作品などの造形的なよさや美しさ，表現の意図と創造的な工夫，機能性と洗練された美しさとの調和，美術の働きなどについて独創的・総合的に考え，主題を生み出し豊かに発想し構想を練ったり，美術や美術文化に対する見方や感じ方を深めたりすることができるようにする。
> (3) 主体的に美術の活動に取り組み創造活動の喜びを味わい，美術を愛好する心情を深め，心豊かな生活を創造していく態度を養う。

　学年の目標(1)は，育成することを目指す「知識及び技能」について示している。
　対象や事象を捉える造形的な視点について理解するとは，造形の要素の働きやイメージなどを捉えるために必要となる視点を理解することを示している。第2学年及び第3学年では，第1学年で身に付けた資質・能力を柔軟に活用して，表現及び鑑賞に関する資質・能力をより豊かに高めることを基本としている。したがって，第1学年の学習を通して理解したことを更に深めたり，学んだ知識を柔軟に活用したりして，造形的な視点をより豊かにし，表現及び鑑賞に関する資質・能力が高められるようにする。
　意図に応じて自分の表現方法を追求し，創造的に表すこととは，発想や構想をしたことを基に，意図に応じて自分の表現方法を追求して表すことを示している。第2学年及び第3学年では，発想や構想において生み出される主題にも深まりが生まれてくる。このような主題などを基に，意図に応じて様々な技能を応用したり，工夫を繰り返して自分の表現方法を見付け出したりして，更に豊かな表現を創出する創造的に表す技能を伸ばすことが求められる。第2学年及び第3学年においては，これまでの様々な表現に関する経験を基に，より独自の表現を目指して多様な表現方法や表現技法について追求することが大切である。
　学年の目標(2)は，育成することを目指す「思考力，判断力，表現力等」について示している。ここでの「思考力，判断力，表現力等」とは，表現の活動を通して育成する発想や構想に関する資質・能力と，鑑賞の活動を通して育成する鑑賞に関する資質・能力であり，学年の目標(2)は，大きくはこの二つから構成されている。
　自然の造形や美術作品などの造形的なよさや美しさ，表現の意図と創造的な工夫，

機能性と洗練された美しさとの調和，美術の働きなどについて独創的・総合的に考えるとは，発想や構想と鑑賞の双方に重なる資質・能力を示している。第2学年及び第3学年の生徒は，物事に対して自分なりの客観的な捉え方が確立し始め，より深く考えることができるようになってくる時期である。このような時期において，独創的に人と異なる自分独自の意味や価値を生み出したり，ひらめきや複数のアイデア，想像したことなどを総合的に組み合わせて新しい考えをまとめたりする学習は重要である。独創的・総合的に考えるためには，既成の知識や概念，常識といったものからのみ物事を考えるのではなく，対象や事象を自分の目や手，心など体の諸感覚を働かせて，新たな意味や価値などを自ら発見し捉えることも大切である。

　第2学年及び第3学年では，発想や構想，鑑賞に関する双方の学習に重なる，造形的なよさや美しさや表現の意図と工夫などについて独創的・総合的に考えることは，それらを軸として創造的な表現や洗練された美しさなどについて気付いたり，独創的なアイデアや新しい意味や価値を生み出したりすることにつながっていく。このようにそれぞれの資質・能力が総合的に関連して働くようにすることを積み重ねていくことが，より豊かで創造的な「思考力，判断力，表現力等」の育成につながる。

　主題を生み出し豊かに発想し構想を練るとは，感じ取ったことや考えたこと，見る人や使う人などの立場に立った目的や条件などを基に主題を生み出し，美的，創造的な構成を独創的・総合的に考えながら，発想し構想を練ることを示している。主題を生み出すこととは，一人一人の生徒が強く表したいことを心の中に思い描くことである。この時期の生徒は，論理的に物事を考えたり様々な視点をもって判断したりするようになる。また，社会的な関心が深化し，他者との関係性の中で，個性や自己の内面性に対する意識が深まってくる反面，他者を意識するあまり表現することに抵抗感をもつこともある。一方，表現の活動において，自分らしさについてこだわったり自己の課題について追求的な態度をとったりすることも多い。このような発達の特性を踏まえて，第2学年と第3学年の成長の違いも考慮しながら，自分らしさに自信をもちながら主題を生み出し，豊かに発想や構想ができるように指導することが必要である。

　美術や美術文化に対する見方や感じ方を深めるとは，造形や美術作品などを見て美しいと感じる要因や，造形が美術として成立する特質，生活や社会の中の美術の働きや美術文化について，感じ取ったり考えたりするなどして鑑賞の視点を豊かにし，見方や感じ方を深めることである。

　第2学年及び第3学年では，造形的なよさや美しさを感じ取り，表現の意図と創造的な工夫や，安らぎや自然との共生の視点から生活や社会を美しく豊かにする美術の働き，美術文化の継承と創造について考えることで，見方や感じ方を深めるこ

とを目指している。例えば，自然との共生については，美しさや壮大さなどに心を向け，自然を大切にしようとする心を培うことや古来の造形を通した自然と人間の生活との関わりを捉えることによって，これからの生活における自分と自然，表現と自然などの関わりについて考えていくことが大切である。そして，自然の美しさや命の営みなどを一層鋭敏に感じ取れるようにする。美術文化については，日本や諸外国の美術の文化遺産とそれを創った人々の精神や創造的な知恵について考えさせるとともに，歴史的な背景や，民族，風土，文化，作者の個性などによる美術作品や文化遺産の特質や表現の相違と共通性など，伝統的かつ創造的な側面から概括的に捉え，美術を通した国際理解や美術文化の継承と創造について考えるなどして，見方や感じ方を深められるようにする。

　鑑賞により生徒の心の中につくりだされる思いや考え，価値などには様々なものがある。多様な見方や感じ方で作品などを捉えることは，美術作品だけではなく生活や社会の中の様々なものや出来事などを多様な視点で捉えることにもつながり，生徒が生きていく上において大切な学びとなる。その際，第2学年及び第3学年では，対象の表面に現れたものだけではなく，内面や本質を見据えて作品などの造形的なよさや美しさを捉えるようにすることが大切である。

　加えて，見方や感じ方を深めるためには，単に美を直感的に感じ取るだけではなく，形や色彩などの知識や，それらを表現の活動で生かした自らの技能や材料，用具の経験，作者の表現における精神，生き方などと作品との関わりなどの多様な観点から，対象や事象を感性と知性の両面を豊かに働かせて捉えることが大切である。特に，文化遺産や美術作品などを創造し守ってきた人々が，どのような願いや精神を大切にしてきたのか，作家が生涯にわたり何を求めて表現し，どのように生きてきたのかなどを主体的に学ぶことにより，見方や感じ方は一層深まるものである。

　学年の目標(3)は，育成することを目指す「学びに向かう力，人間性等」について示している。

　主体的に美術の活動に取り組み創造活動の喜びを味わいとは，第2学年及び第3学年での美術に関わる基本的な姿勢について述べている。ここでは，第1学年の「楽しく」から更に質を高め，自らの目指す夢や目標の実現に向かって課題を克服しながら創意工夫して実現しようと積極的に取り組み，創造的な活動を目指して挑戦していく喜びや，主体的な態度の形成を一層重視している。そのため生徒一人一人が表現への願いや創造に対する自分の夢や目標をもてるように励ましたりよさをほめたり示唆したりすることで，創造的な表現や鑑賞に主体的に取り組むことができるようにすることが大切である。

　美術を愛好する心情を深め，心豊かな生活を創造していく態度を養うとは，美的なものを大切にし，生活の中で美術の表現や鑑賞に親しんだり，生活環境を美しく

飾ったり構成したりするなどの美術を愛好していく心情を一層深め，心潤う生活を創造しようとする態度を養うことである。

　ここでは，生涯を通して美にあこがれ，美の価値を大切にしながら美術に親しみ，日々心豊かな生活を楽しみ充実させていこうとする創造的な生き方や態度を養うことを目指している。また，日常生活のあらゆるところに美術が関わっていることを認識し，社会に果たす美術の役割を理解するとともに，自然や美術作品や文化遺産などに目を向け，よさや美しさなどを積極的に味わい生活に取り入れて，心豊かな生活を創造していくための資質・能力を高めることが大切である。第2学年及び第3学年では，特に，美的な価値を生活の中で楽しみながら，感性と知性を働かせて心豊かな生活や社会を築いていこうとする，より質の高い能動的かつ積極的な態度を養うことが求められる。

2 内容

A 表現

> (1) 表現の活動を通して，次のとおり発想や構想に関する資質・能力を育成する。
>
> ア　感じ取ったことや考えたことなどを基に，絵や彫刻などに表現する活動を通して，発想や構想に関する次の事項を身に付けることができるよう指導する。
>
> (ア)　対象や事象を深く見つめ感じ取ったことや考えたこと，夢，想像や感情などの心の世界などを基に主題を生み出し，単純化や省略，強調，材料の組合せなどを考え，創造的な構成を工夫し，心豊かに表現する構想を練ること。
>
> イ　伝える，使うなどの目的や機能を考え，デザインや工芸などに表現する活動を通して，発想や構想に関する次の事項を身に付けることができるよう指導する。
>
> (ア)　構成や装飾の目的や条件などを基に，用いる場面や環境，社会との関わりなどから主題を生み出し，美的感覚を働かせて調和のとれた洗練された美しさなどを総合的に考え，表現の構想を練ること。
>
> (イ)　伝える目的や条件などを基に，伝える相手や内容，社会との関わりなどから主題を生み出し，伝達の効果と美しさなどとの調和を総合的に考え，表現の構想を練ること。
>
> (ウ)　使う目的や条件などを基に，使用する者の立場，社会との関わり，機知やユーモアなどから主題を生み出し，使いやすさや機能と美しさなどとの調和を総合的に考え，表現の構想を練ること。

「A表現」(1)は，造形的な見方・考え方を働かせ，対象や事象を深く見つめて，感じ取ったことや考えたことなどを基に主題を生み出し，単純化や省略，強調などを考えて創造的な構成を工夫したり，社会との関わりを意識し，より多くの相手を対象として目的や条件などを基に，見る人や使う人の立場に立って主題を生み出し，飾る，伝える，使うなどの目的や機能と美しさを総合的に考えて構想を練ったりする活動を通して，発想や構想に関する資質・能力を育成する項目である。

> ア　感じ取ったことや考えたことなどを基に，絵や彫刻などに表現する活動を通して，発想や構想に関する次の事項を身に付けることができるよう指導する。

アは，感じ取ったことや考えたことなどを基に，発想し構想をする学習に関する指導内容を示している。

第2学年及び第3学年では，第1学年における自然をはじめとする身近な事物に加え，自己の内面や社会の様相などを深く見つめ感じ取ったこと，考えたこと，夢，想像や感情などの心の世界などを基に発想や構想をすることをねらいとしている。この時期の生徒は，心身ともに急速な成長がみられ，自我意識が強まるとともに人間としての生き方についての自覚が深まり，価値観が形成されていく時期である。特に後半においては，自分の将来や進路について考えたり，より自己と深く向き合ったりすることが可能となるとともに，自己がまだ確立されず揺れ動く時期でもある。ここでは，第2学年と第3学年の発達の特性も考慮し，目に見える実在の形のみならず，自己の内面，願望，感情，夢や想像の世界などから感じ取ったり考えたりしたことなど，生徒自らが心を動かされたものや自己の表したいことなどを基に主題を生み出し，発想や構想をすることができるよう指導することが大切である。

> (ア)　対象や事象を深く見つめ感じ取ったことや考えたこと，夢，想像や感情などの心の世界などを基に主題を生み出し，単純化や省略，強調，材料の組合せなどを考え，創造的な構成を工夫し，心豊かに表現する構想を練ること。

(ア)は，一人一人の個性を大切にして，感じ取ったことや考えたこと，心の世界などから主題を生み出し，創出した主題などから，単純化したり強調したりするなどして自分の考えを練り上げて心豊かに表現するための発想や構想に関する指導事項である。ここでは，第1学年の「A表現」(1)のア(ア)の内容を一層発展させ，対象や事象を深く見つめ，外見には現れないそのものの本質について感じ取らせたり，自己の心を見つめて深く考えさせたりして，生徒自らが強く表したいことを心の中に思い描き，主題の中心となるものや表す形や色彩などを整理して構成を工夫し，心豊かに表現する構想を練ることが重要である。

対象や事象を深く見つめ感じ取ったことや考えたこととは，感性や想像力を豊かに働かせながら対象や事象を深く見つめ，感じ取った形や色彩などの特徴やイメージ，対象の内面や全体の感じ，生命感や心情などから生じた思いや考えなどを示している。価値や情緒などを感じ取るためには，複数の視点から物を深く見つめさせ

たり外見には現れないそのものの本質について生徒自身の体験や心情から想像させたりするなどの手立てが重要である。

　例えば，自然を基に表現する題材では，生命感に着目させるなど身の回りの自然をふだんとは違う視点から見つめさせたり，木や草，動物，雲などの自然に自分自身を投影して，様々な感情をもたせたりする。自画像の制作においては，鏡を見て表面的に形や色彩を捉えるだけではなく，自分自身の気持ちや心の中を見つめることで，より深く自己を理解し，自分の感情やものの考え方，価値観に改めて気付くことができる。また，抽象的な言葉にも理解が深まる時期なので，感じ取ったイメージや，自己を見つめて生じた感情などを言葉にして書きとどめ，それを基に主題を考えさせることなどが考えられる。加えて，対象や事象，自己の内面などを深く見つめさせるためには，鑑賞の指導とも関連を図りながら，作者の心情や表現の意図を読み取らせるなどして，作者の感じ方や考え方が表現する上では重要なものであることも理解させるようにすることも大切である。

　夢，想像や感情などの心の世界とは，未来に向けてこうなりたい，こんな世界があったら楽しいという願いやあこがれ，見たことや体験したことなどから思い浮かべた世界，自己の心を見つめて考えたこと，喜び，怒り，悲しみ，悩みなどで表される世界のことである。第２学年及び第３学年では，感情や内面に心が向けられるようになるとともに，眼前に広がる世界だけでなく，知的に構築された世界にも考えが深められるようになる。想像や空想の世界を考えたり広げたりするには，様々な思いや感じ取ったことから新たなことを想像したり，それを更に組み合わせたりしていくことが大切である。

　その際，想像の世界として，過激な表現などに興味を抱きがちな年代でもあることから，単に刺激を求める表現に偏重することなく，丁寧に自己と向き合わせ，自分の生き方と照らし合わせて表現することの意味や創造的な工夫を考えさせたりするなどに留意することが必要である。学校教育における美術教育とは，社会に生きる個としてのよりよい価値や美しさを求めていく学習であることを適切に押さえて豊かな心を育てる指導をしていかなければならない。

　主題を生み出しとは，感じ取ったことや考えたことなどを基に，生徒自らが強く表したいことを心の中に思い描くことである。ここでは，対象や事象を深く見つめ，感じ取ったことや考えたことなどを基に，内発的に主題が見いだせるようにすることが大切である。

　指導に当たっては，表現のテーマ設定などについて第２学年と第３学年の発達の特性に配慮し，生徒が「何を描きたいのか，何をつくりたいのか，どういう思いで表現しようとしているのか」という生徒自身の思いを教師自身が読み取り，その主題をよく理解することが必要である。そのためには，生徒一人一人の作品の表現意

図を読み取る方法を工夫しなければならない。例えば，言葉や文章で主題を書かせたり，生徒との対話を通して表したいことを捉えたり，作品名を付けさせたりすることは，有効な手立ての一つである。言葉に表すことは，教師が主題を把握するだけでなく，生徒も自らの主題や制作意図を明確にし，より深めることができる。さらに他の人の考えを聞いたり一般的な見方や考え方を知ったりすることも，客観的な見方や考え方が深まるこの時期の生徒にとって効果的である。

また，生徒一人一人がそれぞれのイメージを広げて取り組めるように，鑑賞の学習との関連を図ることが重要である。例えば，表現の意図と創造的な工夫を発想や構想と鑑賞の学習の双方に働く中心となる考えとして位置付け，自画像を描く題材の導入段階において，美術作家の自画像を鑑賞し，作家の心情や意図，表現の工夫などを生徒に読み取らせ，作者の作品に込めた様々な思いや主題を深く考えさせることは，生徒が自己の内面を見つめ直し主題を生み出すきっかけとなったり，自分の表したいものを見付けたりすることにつながる。また，生徒に美術作品を数点提示し，比較しながら鑑賞させることで，作品の主題の違いを読み取らせることや，表現の意図と工夫の違いを考えさせることなども考えられる。

主題を生み出す場面では，生徒の実態に応じて指導を工夫し，それぞれの感性の豊かさを生かし自尊感情を高めつつ，対話的な活動などにより，生徒が互いのよさを認め合えるようにすることが大切である。

単純化や省略，強調，材料の組合せなどを考え，創造的な構成を工夫しとは，感じ取ったことや考えたことなどから生み出された主題をより効果的に表現していくために，主題の中心となるものや表す形や色彩などを整理し，単純化したり省略したり強調したりして創造的な構成を考えることである。

単純化や省略，強調，材料の組合せなどを考えることは，例えばどのような表情や場面を描くかという自分の思いや考えをより的確に表現する上で必要とされる構想の大切な方法である。単純化とは，ものの形や色の本質的・基本的な要素だけを取り出し概略的に表すことであり，省略とは，不必要なものを省き，必要な要素のみを表すことである。強調とは，対象となる形や色彩，線をより強くしたり形を変えたりして特徴や表現効果を一層際立たせることである。美術科における表現活動では，何を強調し，何を省略して表すかを取捨選択することが大切である。簡潔に表現することにより情景や気持ちが象徴化され，表現したいことが分かりやすく，より明確になるからである。

自分の思いを表現していくためには，感覚的にその場での思い付いた表現をするだけではなく，部分や全体に着目して，構成の仕方を試行錯誤しながら表現の組立てを工夫していく必要がある。平面に表す構想では，視点の工夫や形の線の強弱，直線や曲線などを工夫したり形を縮小や拡大したりするなど表現してみたい構成を

試み，自分の思いに近い表現の構成や構図をつくっていくようにする。立体に表す構想では，量感や動勢を捉えたり，形をデフォルメしたりすることや，材料を組み替えたりすることなどが考えられる。その際，〔共通事項〕の指導と関連させ，造形の要素の働きや，全体のイメージで捉えるということを理解させながら指導することも大切である。

　また，作品そのものの構成のほかに，作品が置かれる環境を構想の中に組み入れて考える場合もある。そのような題材では，飾る場所の雰囲気，作品を取り巻く光や風など環境との関わりを考えて，主題を生き生きと創造的に表現するための構想力を高める指導の工夫が必要である。

　心豊かに表現する構想を練るとは，主題を基に，楽しさや自分の思いや願い，よさや美しさへのあこがれなど，自己の心を見つめて考えたことを十分に取り入れながら構想を練ることである。

　主題を基に構想をするときに，既成の概念や常識などにとらわれることなく，自分の感じ方や考えなどを広げていくことが大切である。この時期の生徒は，現実的な世界だけでなく，自分の感覚を自由に働かせて，不思議や神秘，幻想の世界などを想像する力が一層豊かになる。その一方で，象徴的なものや色彩の効果を生かして論理的に構成した世界や，錯覚を利用した世界など，知的な表現への興味・関心などが高まってくる。したがって，遊び心に富んだ世界，形や色彩のトリックを生かした不思議な世界，夢や神秘，幻想を知的に構成した世界など，知的な要素を生かして想像力が豊かに広がる構想の学習なども積極的に取り入れるようにする。

　授業においては，主題を基に構想を練ることになるが，構想を練ることによって，主題が一層深められたり異なった主題が生み出されたりすることもある。構想を練ることは，対象や事象を今一度深く見つめたり内面や本質を捉え直したりすることであり，「何を表したいのか」を自分の中で確認する行為でもある。そのため，指導に当たっては，主題から構想へという一方向の捉えではなく，発想や構想の段階が行き来するなど双方向的な活動も視野に入れ，生徒の実態などを考えて弾力的に行うことが大切である。

　構想の中には，主題を基に考えをまとめる構成的な側面からの構想と，材料や技法などの表現方法の側面からの構想がある。主題を実現するためには構成面からの構想だけでなく，表現方法からの構想も重要である。表現方法から構想を練る際には，どのような材料を用い，どのような方法で表現するのか，また，構想をしている内容が，技術的に実現可能なのかなど，これまでの生徒の造形体験などを基に，十分に検討しておく必要がある。その際，表現方法を試す場の設定や性質や特徴の違う材料を複数準備するなどの条件整備を整えておくことが大切である。また，アイデアスケッチや言葉などで考えを整理することなどから，より構想が深まってい

くことが考えられる。心豊かな表現の構想は，構成面と表現方法の両面からの構想とが調和して働いたときに実現されるものである。

> イ　伝える，使うなどの目的や機能を考え，デザインや工芸などに表現する活動を通して，発想や構想に関する次の事項を身に付けることができるよう指導する。

イは，伝える，使うなどの目的や機能を考え，発想し構想をする学習に関する指導内容を示している。

第2学年及び第3学年では，第1学年で学んだ目的や条件，機能などに応じた形や色彩，材料などの生かし方を更に発展させ，客観的な視点をもって効果的に活用しながら広い視野で総合的に捉え，発想や構想をすることをねらいとしている。この時期の生徒は，人間としての生き方についての自覚が深まり，価値観が形成されていく中で，より社会と深く向き合うことができるようになる。ここでは，第2学年と第3学年の発達の特性も考慮し，構成や装飾，伝達や使うなどの目的や条件を基に，学習の対象も身の回りの出来事や身近な相手だけではなく，社会性や客観性を一層意識して主題を生み出し，発想や構想をすることができるよう指導することが大切である。

> (ア)　構成や装飾の目的や条件などを基に，用いる場面や環境，社会との関わりなどから主題を生み出し，美的感覚を働かせて調和のとれた洗練された美しさなどを総合的に考え，表現の構想を練ること。

(ア)は，構成や装飾の目的や条件などを基に，用いる場面や環境，社会との関わりなどから主題を生み出し，美的感覚を働かせて調和のとれた洗練された美しさなどを総合的に考えて表現するための発想や構想に関する指導事項である。ここでは，第1学年の「A表現」(1)のイ(ア)の内容を一層発展させ，用いる場面や社会との関わりなど対象を広げ，生徒自らが強く表したいことを心の中に思い描き，個人としての感じ方や好みにとどまらず，より多くの人が共通に感じる感覚や社会との関わりなどを意識させて総合的に考え，表現の構想を練ることが重要である。

構成や装飾の目的や条件などとは，構成や装飾をするための目的や条件のことである。ここでは，第1学年の身近な生活をより豊かにすることに加え，他者や社会との関わりを意識したり，自然や環境の造形，社会的な制約など，考える対象や場面を広げたりするなど，総合的に考えることができるような目的や条件が考えられる。

用いる場面や環境，社会との関わりなどとは，構成や装飾が生活の中などで用いられる場面や環境，構成や装飾の働きと社会との関係性などのことである。

第２学年及び第３学年ではより多くの他者を対象としていることから，用いる場面や環境についても，生徒が社会性や客観性を意識できるよう配慮する必要がある。その際，生徒に必然性を感じられるように，用いる場面を地域の身近なものと関連させたり，他教科などで学習したことを基に環境を設定したりするなどして社会との関わりを意識させることなどが考えられる。

主題を生み出しとは，構成や装飾に対して生徒自らが強く表したいことを心の中に思い描くことである。ここでは，どのような場面でデザインが社会や環境，人々と関わることができ，社会や環境をより豊かに変えていくことができるかを考えるなど，構成や装飾の目的や条件とも照らし合わせてより客観的な視点から主題を生み出せるようにすることが大切である。

社会との関わりから主題を生み出すためには，社会に広く目を向け，他者の意見を聞くなどして考えを深めていくことが必要である。また，鑑賞の活動と関連を図りながら，身近な環境の中に見られる造形的な美しさを感じ取る学習と組み合わせるなど学習活動を工夫することも考えられる。例えば，身近な環境に目を向け，心安らぐ生活空間を構成や装飾する視点や，人間も自然という大きな環境の中で生きていることを自覚し自然と共生していく視点に立って課題を発見するなど，より深い文脈の中で心豊かな環境を考えて主題を見いだせるようにすることが大切である。

美的感覚とは，美しさを感じ取るなどの美に対する感覚のことである。第２学年及び第３学年においては，第１学年の学習を発展させ，形や色彩などの働きに対する理解を更に深め，個人としての感じ方や好みにとどまらず，多くの人が共通に感じる感覚や社会との関わりなどを意識させていくことが重要である。

調和のとれた洗練された美しさなどを総合的に考え，表現の構想を練るとは，用いる場面や環境，社会との関わりなどから創出した主題を基に，構想を練るときの創意工夫の視点を示したものである。構成や装飾における発想や構想は，ただ思い付くままに考えるだけではよいものにはなりにくい。ここでは，用いる場面や環境，社会との関わりなどから創出した主題を基に，単に目的や条件を満たすだけでなく，調和のとれた洗練された美しさを追求し，形や色彩，材料などのもつ性質やそれらが感情にもたらす効果などから総合的に考え構想を深めるようにすることが大切である。形や色彩，材料などがもっている働きは，そのよさを十分に生かす構成を工夫してこそ効果が発揮される。これらを用いて自分の表現意図を十分に表すためには，広い視野から造形の要素の働きについての理解を深める必要がある。例えば，色彩については，生活の中での働きや，時代や国々，生活地域の違いによって，そ

れぞれの色彩に対する感じ方や感情にも違いがあることを捉えさせることなどが考えられる。また，より学習を深めるために，鑑賞との関連を図ることや，対話的な活動を通して他者と交流し合いながら多様な価値に気付かせたり，他教科との連携を図ったりすることも効果的な方法の一つである。このように，第１学年で学んだ形や色彩などに対する理解を基に，調和のとれた洗練された美しさなどについて考え，創意工夫して発想や構想ができるようにすることが重要である。

　第２学年及び第３学年の「Ａ表現」(1)のイでは，自分の身の回りとの関わりだけではなく，社会との関わりを意識させることが重要であることから，生徒や学校，地域の実態に応じて，制作したものを，校外において展示の機会を設けたり，地域のデザイナーや職人などの専門家から感想や助言を得たりするなど，実際に作品を活用する場面などを設定し，社会とのつながりを実感させる指導も効果的である。

> (ｲ)　伝える目的や条件などを基に，伝える相手や内容，社会との関わりなどから主題を生み出し，伝達の効果と美しさなどとの調和を総合的に考え，表現の構想を練ること。

　(ｲ)は，伝える目的や条件などを基に，伝える相手や内容，社会との関わりなどから主題を生み出し，伝達の効果と美しさなどとの調和を総合的に考えて表現するための発想や構想に関する指導事項である。ここでは，第１学年の(ｲ)の内容を一層発展させ，伝える相手や内容，社会との関わりなど対象を広げ，生徒自らが強く表したいことを心の中に思い描き，自分の身近な存在だけでなく，より多くの人に分かりやすく美しく伝えるために多様な受け手の印象などから総合的に考え，表現の構想を練ることが重要である。

　伝える目的や条件などとは，より多くの他者や社会に対して伝えるための，気持ちや価値観，情報などの目的や，対象，方法，手段などの伝えるための条件のことである。伝達するための発想や構想を高めるためには第１学年と同様に，目的となる伝えたい内容が生徒にとって価値ある内容であり，伝える必要性を実感できることが重要である。したがって，生徒の実態を踏まえて柔軟かつ適切に課題を設定する必要がある。特に第２学年及び第３学年では，社会的な出来事や場面，学校に関わる人々や地域の人々などに目を向けさせ，生徒が主体的に地域や社会に働きかけるような学習活動を通して，多くの人に気持ちや情報を伝えるすばらしさや面白さを味わわせることを重視する。

　伝える相手や内容，社会との関わりなどとは，自分の思いや願い，考えなどを伝える対象を，身近な相手だけではなく，地域や社会といった多くの他者に広げて，知ってもらいたいことや理解してもらいたいことなどの伝えたい内容のことや，地

域や社会に働きかける関わりなどのことである。

　主題を生み出しとは，伝えたい内容や相手に対して生徒自らが強く表したいことを心の中に思い描くことである。ここでは，より多くの人々を対象にしていることから，第1学年で学んだことを基に，伝える対象を自分の身近な存在に求めるだけでなく，第2学年及び第3学年の社会的視野の広がりに合わせて，社会一般の不特定の人々などを伝える対象として想定し，社会との関わりを考えながら主題を生み出すことが求められる。

　例えば，気持ちや情報の伝達を考えて発想や構想をする題材として，商品のパッケージデザインの制作が考えられる。この題材において主題を創出させるための指導の工夫としては，題材名を「多くの人に魅力を伝える○○パッケージを考えよう」とし，対象が「多くの人」であることや，条件が「商品の内容を魅力的に伝える」ことであることを意識させる。導入段階では，さまざまなパッケージデザインを鑑賞し，地域や社会との関わりなどといった客観的な視点からそれぞれのよさを感じ取ったり製品に込められた制作者の心情や意図などについて考えたりする。このような客観的な視点をもたせる指導の工夫や，鑑賞の学習との関連を図ることにより，生徒が主題を生み出すきっかけとなったり，自分の表したいものを見付けたりすることができるようになる。また，鑑賞の活動において，生徒に商品や製品のパッケージの写真を提示するだけでなく，本物の製品やパッケージなどを目の前で提示したり実際に使ってみたりすることで，より実感を伴いながら主題を生み出せるようになることが考えられる。

　伝達の効果と美しさなどとの調和を総合的に考え，表現の構想を練るとは，情報や気持ちなどを分かりやすく美しく的確に伝えるという効果と美しさなどとの調和を考え，表現の構想を練ることである。より多くの人に分かりやすく美しく伝えるには，多様な表現方法の特性を理解し，多様な受け手の印象などを考えながら，「何のために」，「どのような内容を」，「どこで」，「どのような方法で」，「誰に伝えるか」などの目的や条件を基に，形や色彩などの伝達の効果と美しさを総合的に考えて構想することが重要である。そして，内容や雰囲気にふさわしい構成や配色，文字の取り入れ方など，美的秩序がもたらす効果を捉えさせて発想や構想ができるようにする。

(ウ)　使う目的や条件などを基に，使用する者の立場，社会との関わり，機知やユーモアなどから主題を生み出し，使いやすさや機能と美しさなどとの調和を総合的に考え，表現の構想を練ること。

(ウ)は，用途や機能があるものを，使う目的や条件などを基に，使用する者の立場

や社会との関わり,機知やユーモアなどから主題を生み出し,使いやすさや機能と造形的な美しさなどとの調和を総合的に考えて表現するための発想や構想に関する指導事項である。ここでは,第1学年の「A表現」(1)のイ(ウ)の内容を一層発展させ,より多くの人に対する心遣いや社会との関わりなど対象を広げたり,遊び心などを大切にしたりしながら,生徒自らが強く表したいことを心の中に思い描き,使う目的や条件などに基づきながら,多くの人が共通して感じる機能と美しさとの調和を総合的に考え,表現の構想を練ることが重要である。

使う目的や条件などとは,身近な人だけでなく,様々な人が楽しんだり,心地よさを感じたり,便利であったりするなどの使いみちや,使われる場所や場面,使う人などの条件のことである。第2学年及び第3学年では,第1学年の学習を更に深めて,例えば,使用する多くの人たちの気持ちや身体に優しいデザイン,多様な人々が共有できる機能について考えることが求められる。ここでの指導では,他者や社会との関わりについての理解を一層深められるようにし,人々がどのようなものを望んでいるのか,また,どのような場面でどのように使用したいのかなどを深く検討しながら,発想や構想をすることなどが考えられる。

使用する者の立場,社会との関わり,機知やユーモアなどとは,より多くの使う人の立場や社会との関わり,人々を楽しく豊かにする機知やユーモアに富んだ遊び心などのことである。

主題を生み出しとは,使う人の立場や社会との関わり,遊び心などから生徒自らが強く表したいことを心の中に思い描くことである。ここでは,使う人たちの年齢や生活スタイル,好みなどから主題を考えたり,地域の身近なものや伝統的なものなどから表したいものの考えを広げたりしていくことが考えられる。また,相手の立場に立った他者に対する理解や思いやる心だけではなく,社会での役割や社会に優しいものを考え出し,生活を豊かにする視点も大切にする。加えて,第2学年及び第3学年では,機知やユーモアに富んだ遊び心などから人々の心を和ませるような視点も大切にする。ここでは,ものの見方を違う角度から捉え直したり,見た目の面白さだけでなく使うこと自体に面白さを感じたりすることなどにも着目させて主題を生み出せるようにする。

使いやすさや機能と美しさなどとの調和を総合的に考え,表現の構想を練るとは,使う目的や条件などに基づきながら,多くの人が共通して感じる使いやすさや機能と造形的な美しさとの調和を総合的に考えて構想を練ることである。機能と美との調和に関わる自分の感性や美意識が生かされているか,また,主題を基にした表現の意図や思い,美しさを効果的に表し,材料の性質を生かして構造的にも安定させることができるのかなどを総合的に考えながら進めていくことが大切である。

ここでの学習は使いやすさや機能を考えて構想を練るため,材料の選択や吟味が

重要となる。したがって,「A表現」(2)との関連を図りながら,材料の選択から制作,使用まで一貫して考えることが大切である。

より独創的な発想や構想を促すためには,美しさに視点を置いた造形感覚を発揮しながら,材料や用具の生かし方を含め,目的や機能などをより総合的に捉えて表現の構想を練る学習過程が重要である。このため,材料のもつ性質や,それらが感情にもたらす効果を理解することも求められる。また,必要とする材料を,持ち味にこだわって吟味し,厳選することにより,効果的に生かせるように発想することや,生徒自身が実際に材料を手に取り,体の諸感覚を働かせてそこから様々なことを感じ取って発想や構想をすることが大切である。

---

(2) 表現の活動を通して,次のとおり技能に関する資質・能力を育成する。
　ア　発想や構想をしたことなどを基に,表現する活動を通して,技能に関する次の事項を身に付けることができるよう指導する。
　　(ア)　材料や用具の特性を生かし,意図に応じて自分の表現方法を追求して創造的に表すこと。
　　(イ)　材料や用具,表現方法の特性などから制作の順序などを総合的に考えながら,見通しをもって表すこと。

「A表現」(2)は,造形的な見方・考え方を働かせ,発想や構想をしたことを基に,自分の表現を具体化するために,材料や用具を生かし,意図に応じた自分の表現方法を追求して創造的に表したり,制作の順序を総合的に考えながら,見通しをもって表したりするなどの活動を通して,技能に関する資質・能力を育成する項目である。

ア　発想や構想をしたことなどを基に,表現する活動を通して,技能に関する次の事項を身に付けることができるよう指導する。

アは,発想や構想をしたことなどを基に,意図に応じて表現方法を工夫するなど創造的に表す技能に関する指導内容を示している。

第2学年及び第3学年では,第1学年で身に付けた材料や用具の生かし方などを柔軟に活用して,発想や構想をしたことを基に制作の見通しをもちながら,意図に応じて自分の表現方法を追求して表すことができるよう指導することが大切である。

また,「A表現」(2)を技能に関する資質・能力を育成する項目として独立させていることにより,生徒が自分の表現意図に合う表現方法を追求して幅広い表現に積

極的に取り組むことが期待される。特に，第2学年及び第3学年においては，これまでに身に付けた様々な材料や用具の生かし方，表現方法などを生徒が表現意図に応じて選択できるような題材を設定することも大切である。

> (ア) 材料や用具の特性を生かし，意図に応じて自分の表現方法を追求して創造的に表すこと。

(ア)は，発想や構想をしたことなどを基に，材料や用具の特性を生かし，自分の表現方法を追求して創造的に表す技能に関する指導事項である。ここでは，第1学年の「A表現」(2)のア(ア)で身に付けた材料や用具の扱いや表現方法の経験などから材料や用具の特性を考えながら関連付けたり総合的に扱ったりして生かすことが大切である。また，様々な表現形式や技法，材料に触れさせる中で，生徒自らが表現形式を選択し創意工夫したり，鑑賞の活動との関連を図り，日本及び諸外国の美術の作品などにおける多様な表現を参考にしたりして，自分の表現意図に合う表現方法を追求して創造的に表すことが重要である。

材料や用具の特性を生かしとは，自分が発想や構想をしたものを形にする技能を働かせる際に，材料や用具，表現方法などの特性を生かすことを示している。材料には，硬さ，軟らかさ，加工しやすさなどの特性とともに，温かさ，優しさなどの感情にもたらす効果がある。また，用具には，切る，削る，彫る，塗る，接着するなどの機能面としての特性がある。これらを自分の表現を具現化するために主体的に材料や用具を関連付けたり総合的に扱ったりするなどして生かすことが大切である。なお，表現方法を追求したりしていくためには，自分が表したい表現の意図を明確にするとともに，材料や用具に関する知識や経験を豊かにもっておく必要がある。第2学年及び第3学年においては，第1学年で身に付けた技能に関する資質・能力を柔軟に活用して高めていくことを基本としていることから，3年間を見通した計画的な題材の設定が求められる。

意図に応じて自分の表現方法を追求して創造的に表すとは，表現の意図を明確にもち，現状に満足することなく，よりよいもの，より美しいものを目指して試行錯誤を続けるなど，自分の表現方法を追求して創意工夫を続け，創造的に表すことである。生徒が自分の表現方法を追求することは，自分にとっての新しい表現方法との出合いでもある。それは，生徒のこれまでの経験や身に付けた資質・能力を活用することで見いだされることもあれば，新たに学ぶことにより見いだされることもある。生徒一人一人が，発想や構想をしたことの具現化を目指し，自分の表現方法を模索し，追求できるようにするために，指導に当たっては，次の各点に留意する必要がある。

一つ目は,「A表現」(1)のア及びイにおいて,生徒一人一人の主題の創出に関する指導を丁寧に行うことである。感じ取ったことや考えたこと,目的や条件などを基に生徒自らが強く表したいことを心の中に思い描くことができていなければ,技能を働かせ実際に描いたりつくったりする場面において意図に応じて表現方法を追求するような主体的な活動にはなりにくい。一人一人の生徒が創造的に表すことができるようにするためには,生徒が自分の表したいことを見付けられるように題材の設定や指導方法の工夫をすることが大切である。

　二つ目は,多様な表現方法を保証し,生徒が表したいことをこれまで学んだことなども生かしながら具体的な形にしていく中で,生徒自らが感じた必要性から工夫が行われるようにすることである。例えば,自己の内面を主題に表現する題材において,生徒の表現意欲を高めた上で表現方法を選択させることにより,鉛筆,絵の具,写真,段ボール,布,粘土,針金などの様々な材料や用具の特性やこれまでの経験を生かし,自分の意図に合う表現方法を模索し,様々な工夫が行われることなどが考えられる。

　三つ目は,様々な表現方法や材料の生かし方などを学ぶことである。例えば,立体表現においては,素材は従来の粘土や木,石,紙のほかに金属やプラスチック,布あるいは廃品など様々なものがある。表現方法も塑造や彫造のほかにも金属の打ち出しや和紙の張り子など様々な方法があることを学び,より自由で多様な価値やイメージの表現の可能性を考えて材料や方法を選び,新しいことに挑戦して創造的に表すことを大切にする。

　四つ目は,描いたりつくったりしながら偶然にできた表現の効果を捉えて生かすことや,これまで体験した材料や用具の特性を組み合わせて用いることである。例えば,型紙でマスキングをして絵の具で着彩する際,型紙がずれて絵の具が二重に写ることがある。その偶然の効果を利用して模様を描いたり,型紙に着いた絵の具の面白さを生かしてコラージュに使ったりするなどの工夫がある。また,筆で絵の具を重ね塗りしている途中で絵の具の水分が少なくなり,偶然に筆がかすれた効果を生かした着彩方法を思い付くなどが考えられる。加えて,廃材を使った立体作品の制作では,材質の異なった材料を接着する際,両面テープで留めてから針金で縛るなど,これまでの経験を生かして接着方法を組み合わせるなど,自分にとっての新たな方法の工夫が求められる。

　創造的に表すためには,自分の表現方法を追求してその効果を確かめながら,自分の表現意図に基づいて納得のいくまで材料や用具,表現方法を創意工夫し,自分らしさを発揮して表すことができるようにすることが大切である。それは,教師が身に付けさせたいいくつかの技法をあらかじめ示し,単にその中から生徒に選択させるだけという安易なものではない。このような表現の技能を高めるためには,材

料や用具の特性を理解させ，生かし方を身に付けるとともに，制作している中で，生徒が「やってみたい，試してみたい」と思ったときに材料や用具と自由に関われるような学習環境の工夫も必要である。また，「B鑑賞」の学習活動とも関連させながら，生徒自身が自分の見方や感じ方を深め，既成の表現形式にとらわれることなく，様々な作風や様式，作家の独創的な表現について学ぶことも大切である。

> (イ) 材料や用具，表現方法の特性などから制作の順序などを総合的に考えながら，見通しをもって表すこと。

(イ)は，生徒が表現の活動の中で，自分の思いや意図をよりよく実現するために，材料や用具，表現方法の特性などから，制作の順序などを総合的に考えながら，見通しをもって効果的な方法を選択したり活動の過程を創造的に組み立てたりしながら描いたりつくったりするなどの技能に関する指導事項である。ここでは，第1学年の「A表現」(2)のア(イ)で学習して身に付けた技能や経験を生かし，自分の表したいことをよりよく具現化できるようにするために，材料や用具，表現方法の特性などから効果的に描いたりつくったりする手順を総合的に考え，計画を立てて表すことが重要である。

材料や用具，表現方法の特性などから制作の順序などを総合的に考えとは，材料や用具，表現方法を効果的に活用するために，その特性などから制作の順序や見通しを考えることである。第2学年及び第3学年では，材料や用具のみならず，それを活用する表現方法の特性からも制作の順序などを総合的に考え，見通しをもって表す技能の育成を目指している。

表現方法の特質から順序を考えることは，表現の効果を高める上で重要である。それは，同じ材料であっても用具や表現方法を変えると，全く違った手順になることがあるからである。例えば，木版では，一枚の版木から彫刻刀を使って彫りを生かし単色で刷って表現する技法がある。同じように彫刻刀を使っても輪郭線のみを彫って，色の重なりを生かして表現する多色刷りの技法もある。また，同じ多色刷りでも一枚の版木を彫り進めながら違う色を重ねて表現していく技法や，版木にものを貼り，凸部分をつくって，多色を重ねていくコラグラフなど様々な表現の技法があり，一枚の版木から様々な表現が工夫できる。このように，表現方法や技法を変えることにより制作の手順が変わり，作品の効果も変わってくる。材料や用具，表現方法の特性が十分理解されていれば，手順と表現の効果を予測して制作することが可能になる。さらには，意図的に手順を変えることによって新たな表現効果を生み出すなど，豊かな技能の育成につながっていくことになる。

見通しをもって表すとは，自分の表したいことを具現化できるように表現の効果

などを考えながら，計画を立てて表すことである。制作過程においては，活動の手順を考えるとともに，各表現方法や技法において具体的な操作を行う際にも見通しをもつことは大切である。例えば，描く活動において，マーブリングやスパッタリング，デカルコマニーなどでは，偶然にできた形を利用するという方法が用いられている。偶然にできた形といっても，ほとんどは意図的につくられた偶然であることが多い。また，どのような形が生まれるかは正確には予想ができないが，ここに色を飛び散らせる，この色とこの色を重ねる，ここは色をにじませるなど，その行為は意図的に行われている。このような技法を活用した場面においても，先にマーブリングなどを行って後から上に絵を描くのか，絵を描いた上に行うのかなど，ねらいとする表現効果に応じて手順などを考えて表すことが必要となる。つくる活動においては，複数の種類の粘土を組み合わせて立体作品を制作するという場面では，見通しをもつために様々な粘土の特性を理解することや，細部からつくり接着剤で貼り合わせるのか，全体を大まかにつくってから細部を仕上げていくのかなど，どの部分を先に形に表すのかを考えることも必要である。加えて，紙粘土や樹脂系の粘土は着彩が可能なものが多く，着彩をする場合にはどの段階で色を加えるのかも活動の手順を考える上では重要である。例えば使う色があらかじめ決まっていれば，粘土に絵の具を混ぜながら色粘土をあらかじめつくっておくことや，粘土で形を完成させてから筆により着彩を行うことも考えられる。同じ材料で同じ題材を扱う場面であっても，活動の手順が同じとは限らない。生徒の表現意図がより美しく効果的に生かされるよう，生徒がどのような考えでその手順を行っているかを，正しく見取り，適切に指導することが大切である。

　第2学年及び第3学年では，生徒が主体的に創意工夫し，より独創的な発想をすることを奨励し，美しさに視点を置いた自分らしい造形感覚を発揮し，材料や用具の生かし方について，より総合的に捉え，見通しをもってつくり上げていくことができるよう学習過程を重視する必要がある。

B 鑑 賞

> (1) 鑑賞の活動を通して,次のとおり鑑賞に関する資質・能力を育成する。
> 　ア　美術作品などの見方や感じ方を深める活動を通して,鑑賞に関する次の
> 　　事項を身に付けることができるよう指導する。
> 　　(ｱ) 造形的なよさや美しさを感じ取り,作者の心情や表現の意図と創造的
> 　　　な工夫などについて考えるなどして,美意識を高め,見方や感じ方を深
> 　　　めること。
> 　　(ｲ) 目的や機能との調和のとれた洗練された美しさなどを感じ取り,作者
> 　　　の心情や表現の意図と創造的な工夫などについて考えるなどして,美意
> 　　　識を高め,見方や感じ方を深めること。
> 　イ　生活や社会の中の美術の働きや美術文化についての見方や感じ方を深め
> 　　る活動を通して,鑑賞に関する次の事項を身に付けることができるよう指
> 　　導する。
> 　　(ｱ) 身近な環境の中に見られる造形的な美しさなどを感じ取り,安らぎや
> 　　　自然との共生などの視点から生活や社会を美しく豊かにする美術の働き
> 　　　について考えるなどして,見方や感じ方を深めること。
> 　　(ｲ) 日本の美術作品や受け継がれてきた表現の特質などから,伝統や文化
> 　　　のよさや美しさを感じ取り愛情を深めるとともに,諸外国の美術や文化
> 　　　との相違点や共通点に気付き,美術を通した国際理解や美術文化の継承
> 　　　と創造について考えるなどして,見方や感じ方を深めること。

　「B鑑賞」(1)は,造形的な見方・考え方を働かせ,自然や生活の中の造形,美術作品や文化遺産などから,よさや美しさなどを感じ取り,作者の心情や表現の意図と創造的な工夫,生活や社会の中の美術の働き,美術を通した国際理解や美術文化の継承と創造について考えるなどの見方や感じ方を深める活動を通して,鑑賞に関する資質・能力を育成する項目である。

> 　ア　美術作品などの見方や感じ方を深める活動を通して,鑑賞に関する次の事
> 　　項を身に付けることができるよう指導する。

　アは,美術作品などから,造形的なよさや美しさを感じ取り,表現の意図と創造的な工夫などについて考え,見方や感じ方を深める学習に関する指導内容を示している。
　第2学年及び第3学年では,多様な視点から絵や彫刻,デザインや工芸の作品や

製品，生徒の作品などを鑑賞し，第１学年で学んだことを基に，より深く作品に向かい合ったり，自分の価値意識をもって批評し合うなどして他者と考えを交流したりする中で，美意識を高め，作品や対象の見方や感じ方などを深めることができるよう指導することが大切である。

> (ア) 造形的なよさや美しさを感じ取り，作者の心情や表現の意図と創造的な工夫などについて考えるなどして，美意識を高め，見方や感じ方を深めること。

(ア)は，絵や彫刻などの，感じ取ったことや考えたことなどを基に表現された作品などから，造形的なよさや美しさを感じ取るとともに，作者の心情や創造的な工夫などについて考えるなどして，見方や感じ方を深める鑑賞に関する指導事項である。ここでは，第１学年の「Ｂ鑑賞」(1)のア(ア)の内容を一層発展させ，作品などとより深く向かい合うことや，対話的な活動などにより自分の価値意識をもって批評するなどして，主体的に幅広く味わい，美意識を高め，見方や感じ方を深めることが重要である。

造形的なよさや美しさとは，美術作品などの形や色彩などから感じられるよさや美しさのことである。第２学年及び第３学年では，対象の形や色彩などの特徴や印象などから内面や全体の感じ，価値や情緒などを感じ取り，外形には見えない本質的なよさや美しさなども捉えようとすることが大切である。

作者の心情や表現の意図と創造的な工夫などについて考えるとは，作者の生きた時代や社会的背景など一層幅広い視点から捉えた作者の心情や表現の意図と創造的な工夫について考えることである。

鑑賞の学習は，まず，対象に向かい合い，形や色彩，材料などに視点を当て自己との対話を重ねながら造形的なよさや美しさなどを感じ取ることが基本となる。その上で，美術作品などの鑑賞においては，主題と表現の工夫を関連させて捉え，作者の心情や創造性などについて感じ取り考えることが重要である。ここではそれらを単に知識として学ぶだけではなく，作品を深く味わい作者の内面や生き方を推し量ったり作品の構成や表現技法などを研究したりするなどして，そのよさを深く感じ取ることを目指している。

美意識を高め，見方や感じ方を深めるとは，美に対する鋭敏な感覚を働かせながら，主題などに基づき，作品の背景を見つめたり自分の生き方との関わりの中で作品や制作に対する姿勢を捉えたりするとともに，表現の意図と創造的な工夫などについて考えるなどして鑑賞の視点を豊かにし，見方や感じ方を深めることである。

作品を鑑賞することは，作者が制作を通して自己理解しながら変革していく過程を追体験することでもある。多くの優れた作家たちの作風の変容をみるとき，生涯

にわたる制作を通して自らの生き方を追求する姿勢や精神の深まりを見いだすことができる。作者を取り巻く芸術の潮流や人間関係など一人の人間としての人間性や生き方に触れるなどして，意味や価値を問うようにすることが大切である。例えば，一人の作者の表現を形や色彩，技法などと主題の関係について根拠をもって理解を深め，その上で個性的な生き方や作者の残した言葉，作者が生きた時代の文化的な背景などから内面まで推し量り，鑑賞を深めることが考えられる。

　また，これまでの自分の見方や感じ方を一層深めていくためには，生徒一人一人が感じ取った作品のよさや美しさなどの価値を，生徒同士で発表し批評し合い自分の気付かなかった作品のよさを発見するなどして，一層広く深く鑑賞させることが重要である。自分の感じたことや作品についての考えを，根拠を明らかにして述べたり批評したりすることは美術の鑑賞において大切な学習となる。また，自分の価値意識をもって批評するためには，自分の中に対象に対する価値を明確にもつことが前提となる。鑑賞は単に知識や定まった作品の価値を学ぶだけの学習ではなく，知識なども活用しながら自分の中に作品に対する新しい価値をつくりだす学習であると捉えることが重要である。

　指導に当たっては，異なった見方や感じ方を尊重する雰囲気をつくるとともに，作品に対する生徒の興味・関心をより高めたり，いくつかの鑑賞の視点を設定したりしながら，生徒それぞれに自分一人では気付くことができない多様な見方や感じ方ができるようにして，鑑賞を深めていけるような配慮が必要である。

　第２学年及び第３学年では，主体的，対話的な活動などにより主題に基づきながら作品の背景を見つめたり自己の人生観との関わりで捉えたりするとともに，表現の学習と関連させながら発想や構想をする学習に結びつけるなどして見方や感じ方を深め，鑑賞に関する資質・能力を一層高めていくことも大切である。

> (イ)　目的や機能との調和のとれた洗練された美しさなどを感じ取り，作者の心情や表現の意図と創造的な工夫などについて考えるなどして，美意識を高め，見方や感じ方を深めること。

　(イ)は，デザインや工芸などの，目的や機能を考えて表現された作品などから，造形的なよさや美しさ，機能性と調和のとれた洗練された美しさなどを感じ取るとともに，美的感覚を働かせて主題や表現の意図と創造的な工夫などについて考えるなどして，見方や感じ方を深める鑑賞に関する指導事項である。ここでは，第１学年の「Ｂ鑑賞」(1)のア(イ)の内容を一層発展させ，作品などとより深く向かい合うことや，対話的な活動などにより自分の価値意識をもって批評するなどして，幅広く味わい，より主体的に見方や感じ方を深めていくことが重要である。

目的や機能との調和のとれた洗練された美しさとは，生活や社会の中にあるデザインや工芸などに見られる，機能性との調和のとれた洗練された美しさのことである。デザインや工芸などの目的や機能をもった造形作品は，多くの場合，日常生活で幅広く利用される。同じ目的でつくられた他の作品と比較するなどして，時代や社会の変化と人々の願いや造形における技術の歩みなどとともに，デザインなどの発展や洗練された美しさなどを読み取ることも必要である。長い時代を経て磨かれ改善されたデザインの洗練された美しさには，つくり手の意図や願いだけでなく，そのデザインについての受け手や使い手の美意識や美的選択能力など，つくり手に対する積極的な働きかけが含まれていることもあるため，デザインが時代を経て変容していく過程を知ることも大切である。

　作者の心情や表現の意図と創造的な工夫などについて考えるとは，使う人や場を考えた作者の温かい心遣いや，作品の主題や表現の意図などに基づいた創造的な工夫について考えることである。例えば，デザインや工芸には，機能性を追求したもの，特定の人を対象としたもの，楽しさを重視したものなど様々な考え方がある。主題について考える場合，これらを理解した上で，使われる場面などを考えて作者がどのような意図で何を工夫したのかについて，美と機能性との調和の視点から読み取ることが大切である。

　美意識を高め，見方や感じ方を深めるとは，美に対する鋭敏な感覚を働かせながら，主題などに基づき，美しさと機能性との調和，社会や生活，自分との関わりで作品やその役割を捉えるとともに，表現の意図と創造的な工夫などについて考えるなどして鑑賞の視点を豊かにし，見方や感じ方を深めることである。現代のデザインはコンピュータやハイテクノロジーを駆使し商品としての価値を高めながらつくられているものが多く，今日的な造形感覚が生かされている。しかし，反面，素朴で温かみのある手づくりの作品や無形の文化財である伝統工芸家などの熟達した技能を生かし，精魂の込められた一品制作の作品も深い魅力をもっている。流行のみに流されず，美しいものやよいものを自分の基準で選べる価値意識を育てることや，優れたデザインを自分の目と心で確かめその価値を判断していく美的判断力を育てる鑑賞の学習の充実を図ることは極めて重要である。そこで培われた美的感覚や資質・能力などを生かして，自分の美意識を働かせ優れたデザインを選び生活に取り入れ，鑑賞の活動を通して，生涯にわたり心豊かな生活を営む感覚や資質・能力，態度を身に付けさせることが強く望まれる。

　これまでの自分の見方や感じ方を一層深めていくためには，生徒一人一人が感じ取った作品のよさや美しさ，機能性との調和のとれた洗練された美しさなどを，対話的な活動などにより，生徒同士で根拠を明らかにして批評し合い，客観的な視点も取り入れながら自分の気付かなかった作品のよさを発見するなどして，一層広く

深く鑑賞させることも重要である。
　加えて，発想や構想の学習と関連させることで見方や感じ方が一層深まっていくことが考えられる。例えば，「B鑑賞」(1)のア(イ)と「A表現」(1)のイ(ウ)の「用途や機能などを考えた発想や構想」の学習との関連では，双方に働く中心となるものの一つとして「機能性と洗練された美しさとの調和」について考えることが挙げられる。それぞれの学習において生徒が客観的な視点に立ち，機能性と洗練された美しさとの調和について意識して考えるようにすることで，この中心となる考えが軸となり，鑑賞の学習において機能性と洗練された美しさとの調和について学んだことが，発想や構想の学習において，使う目的や条件などから主題を生み出すことや機能や美しさを独創的・総合的に考える構想の学習に働くようになる。また，発想や構想の学習において主題の創出や構想について学んだことが，今度は鑑賞においてデザインや工芸について独創的・総合的な視点から見方や感じ方を深めることになる。

> イ　生活や社会の中の美術の働きや美術文化についての見方や感じ方を深める活動を通して，鑑賞に関する次の事項を身に付けることができるよう指導する。

　イは，自然や身近な環境の中にみられる造形や美術作品，美術の文化遺産などから，よさや美しさなどを感じ取り，生活や社会の中の美術の働きや美術文化について考えるなどして，見方や感じ方を深める学習に関する指導内容を示している。
　第2学年及び第3学年では，生徒が人間の生き方や価値観が形成されていく時期であるということを勘案し，美術を生活や社会，歴史などの関連で見つめられるようにする。そして，自然や身近な環境の中に見られる造形や日本や諸外国の美術作品や美術文化などを鑑賞の対象として取り上げ，生活や社会と美術の働きとの関連や表現の特質，美術文化の継承と創造などについて考え，自分の生き方との関わりで美術を捉え見方や感じ方を深めることができるよう指導することが大切である。

> (ア)　身近な環境の中に見られる造形的な美しさなどを感じ取り，安らぎや自然との共生などの視点から生活や社会を美しく豊かにする美術の働きについて考えるなどして，見方や感じ方を深めること。

　(ア)は，身近な自然や環境の中に見られる造形的な美しさなどを感じ取り，心の安らぎなどの視点から，見る人や暮らす人の気持ち，生活や社会を美しく豊かにする美術の働きについて考えるなどして，見方や感じ方を深める鑑賞に関する指導事項

である。ここでは，第１学年の「Ｂ鑑賞」(1)のイ(ｱ)の内容を一層発展させ，身近な自然や環境を改めて見つめ直し，よさや美しさ，美術の働きについて話し合ったり，美しい環境をつくりだす仕組みや課題を調べたりするなどして，見方や感じ方を深めることが重要である。

　身近な環境の中に見られる造形的な美しさなどを感じ取りとは，動植物や自然物，四季や自然現象，風景などの自然や，公園や建造物，街並みなどの環境の中に見られる，造形的な美しさを感じ取ることである。ここでは身近な自然や環境に目を向け，心安らぐ生活空間について考えたり，人間も自然という大きな環境の中で生きていることを自覚し自然と共生していく視点に立って造形的な課題を発見したりすることをねらいとしている。そのため，自然の多様なよさに気付かせるとともに，心安らぐ環境とはどのようなものか，人工的なものが人間と自然の両方に調和し，造形感覚に照らして美しい環境をつくりだすにはどうしたらよいかといった観点から考えさせるようにする。また，それらを直接見たり調べたりするなどして課題を見付け，環境の中の造形の働きについて実感を伴いながら学習させることが大切である。

　安らぎや自然との共生などの視点から生活や社会を美しく豊かにする美術の働きについて考えるとは，美術作品や身の回りの環境を美しさや自然との調和の視点から捉え，生活や社会を心豊かにする造形や美術の働きについて考えることである。学校や家庭，地域社会を心安らぐ場にするためには，造形的な環境を美しく心地よいものにすることが重要である。人間は，形，色彩，材料，光，空間などにより，明るい開放感や落ち着いた雰囲気，心が躍るような楽しさなどを感じることができる。また，自然や優しさのある環境は，精神的な温かみやくつろぎを与えてくれる。このような造形や美術の働きに気付き，それを豊かに感じ取ろうとし，形や色彩，材料などによりつくりだされた造形や美術が人間にとってどのように機能するのかを再認識することが重要である。

　見方や感じ方を深めるとは，身近な環境の中に見られる造形的な美しさを感じ取り，生活や社会を美しく豊かにする美術の働きについて考えるなどして鑑賞の視点を豊かにし，見方や感じ方を深めることである。その際，生徒が環境の中の造形について鑑賞して考えたことや発想や構想をしたこと等を活用し，生かしながら，表現の学習に取り組み，表現した作品を相互に鑑賞して批評し合うなど，鑑賞と表現が関連し合いながら繰り返されるように指導を工夫し，見方や感じ方を深めることなどが考えられる。

> (ｲ) 日本の美術作品や受け継がれてきた表現の特質などから，伝統や文化のよさや美しさを感じ取り愛情を深めるとともに，諸外国の美術や文化との相違

> 点や共通点に気付き，美術を通した国際理解や美術文化の継承と創造について考えるなどして，見方や感じ方を深めること。

(イ)は，日本文化の根底に受け継がれてきた独自の美意識や，それぞれの時代の創造的精神や創造への知恵などを理解し捉えるとともに，諸外国を含めた美術文化のよさや美しさなどを味わい，美術を通して国際理解や美術文化の継承と創造について考えるなどして，見方や感じ方を深める鑑賞に関する指導事項である。ここでは，第1学年の「B鑑賞」(1)のイ(イ)の内容を一層発展させ，日本及び諸外国のそれぞれの美術や文化のよさや美しさ，美術を通した国際理解や美術文化の継承と創造について，社会とのつながりの視点から考えることが大切であり，特に第3学年においては，自らの進路や将来の生き方とも関連付けて考えるなどして，見方や感じ方を深めることが重要である。

日本の美術作品や受け継がれてきた表現の特質などとは，日本の美術の時代的な大まかな流れと表現の特質，作品に見られる各時代の人々の感じ方や考え方，作風などを示している。我が国は大陸の文化の強い影響を受けながら古代から現代に至るまで，多くの異文化を吸収，咀嚼しながら風土や生活に合わせて洗練させていくことによって，独自の文化を生み出してきた。

特に，飛鳥時代や奈良時代などの建築様式や絵画，彫刻などの美術品は，大陸から中国，朝鮮半島を経て伝わってきた様式の影響を強く受けているものが多く，その後，時代を経て次第に変容していき，平安時代になって日本的な美術文化を誕生させてきたという独自の流れをもっている。

ここでは，それらを比較検討し，その相違点や共通点を把握しながら日本の美術の時代的な大まかな流れや表現の特質を見ていき，日本の美術の概括的な変遷を捉えることを通して，各時代における人々の感じ方や考え方，生き方や願いなどを感じ取ることを大切にする。加えて，諸外国の美術作品と比較鑑賞することで，より広い視野から大きな流れとして日本の美術を捉えようとすることを重視する。

また，日本の美術の表現の特質として，日本人の自然に対する美意識などを理解させることは重要である。日本の美術に見られる主題としては，「花鳥風月」や「雪月花」などがあり，そこからは自然を愛でる日本人の感性や情緒豊かな季節感が感じられる。また，自然と生活とが一体となった日本人の美意識にも気付かせるようにする。室内に自然の草花や木を構成して飾る生け花，自然石と砂で構成する石庭，山水風景や草花をデザインした和服の絵柄，襖絵や屏風，扇子などに見られる自然素材や題材を生かす表現性などがある。

指導に当たっては，造形的な視点を豊かにもって自然の形や色彩を観察することによって，自然界のもつバランスやハーモニーなど美の秩序や造形の要素を見いだ

し，それらを造形活動に創造的に取り入れ生かしてきたことに注目させるようにする。さらに，美術作品や生活の中の造形に対象としての自然の姿がどのように表現されているかのみならず，自然と人間との関わりや自然に対する人々の願い，自然のもつ生命力をどのように象徴し表現しているかなど，様々な視点から鑑賞を深めていくことが大切である。そして，自然と人間の生活を対立するものとして捉えず，人間も生活も自然の一部とする世界観をもつ日本の文化の特質やよさにも気付かせるようにする。

伝統や文化のよさや美しさを感じ取り愛情を深めるとは，独自の文化を生み出してきた日本の美術文化のよさを感じ取り十分に味わい，よきものとしてそれらの愛情を深めることである。ここでは，日本文化の根底に受け継がれてきた独自の美意識や創造的精神，生活に求めた願いや心の豊かさなどを捉えさせることが重要である。また，それぞれの時代に見られる表現の特性や，アイヌや琉球の文化などの各地域の文化の独自性にも着目させ，日本文化の多様性についても学ばせるようにする。そして，美術としての文化遺産そのものや，その背景となる日本文化の特質への関心を高め，それらが現代においても大きな意味をもつとともに，未来に向かっての新たな創造の糧となっていることに気付かせるようにすることが大切である。

諸外国の美術や文化との相違点や共通点に気付きとは，国や地域，民族によって，美術の表現の主題，描写，材料など表現方法や造形感覚に相違があることに気付かせるとともに，美にあこがれる人間の普遍的な心情など，その共通性にも目を向けさせ，日本及び諸外国のそれぞれの美術や文化のよさや美しさなどを味わわせることである。

諸外国の美術については，西洋の美術だけでなく，日本の美術の源流を考える上で歴史的，地理的に深い関わりをもつアジア諸国，遠くはギリシャを含むいわゆるシルクロードによる文化の伝播に関わる国々の美術にも目を向ける必要がある。例えば，それらから影響を受けた飛鳥時代や奈良時代の美術と比較しながら鑑賞することや，鎌倉時代や室町時代では日本と中国の水墨画を，江戸時代では浮世絵と西洋の美術作品等とを対比して鑑賞することにより相違点や共通点に気付かせることなどが考えられる。

美術を通した国際理解とは，様々な国の美術作品や文化遺産などの鑑賞を通して，各国の美術や文化の違いと共通性を理解し，それらを価値あるものとして互いに尊重し合うことなどについて考えることである。

これからの国際社会においては，様々な文化をもつ諸外国や民族との交流がこれまで以上に頻繁になり，自国の文化のよさを外に向かって発信する機会が多くなると考えられる。自国の文化を十分に理解しないで他国の文化を理解することは一面的であり，自国の文化に愛情や誇りを感じることなくしては他国の文化を尊重する

心も芽生えにくい。美術は，文字や言葉では表し得ない優れた表現手段であり，深いコミュニケーションの手段であることを認識し，美術を通して，自国の文化のよさを説明したり他国の文化を共感的に理解し捉えたりすることができるようになることが大切である。

美術文化の継承と創造について考えるとは，伝統の中にこれからの時代にとって価値あるものを見いだし，現在に至るまでなぜ大切に残されてきたのかについて考え，更に一人一人の手で継承し新たな価値や文化を積極的に創造していこうとする気持ちをもたせることである。ここでは，自らの人生をより充実したものにするために，心豊かな生活に寄与する美術文化の意味や役割を理解させるとともに，人類共通の価値である芸術や美術文化の幅広い理解と，それらを大切にしていこうとする態度を養うことが，美術文化の継承と創造について考えることにつながっていくことになる。

指導に当たっては，例えば，鑑賞の学習の中で，我が国のよき美術文化を伝える技法や材料・用具を扱った表現の活動に取り組むなど，鑑賞と表現の一層の関連を図り，美術文化の伝統的かつ創造的な側面に対する理解を深めることも有効である。また，美術文化を継承する観点から，日本の美術作品を実際に使用したり展示したりする環境について，実感が伴った理解を深めるために，畳や床の間といった伝統的な生活環境を活用するなど，学校教育において取り上げなければ出合うことのない教材や，経験することのない活動を設定することも，学校教育の役割の一つである。

見方や感じ方を深めるとは，日本文化の独自の美意識や，諸外国を含めた美術文化のよさや美しさを感じ取り，美術を通した国際理解と美術文化の継承と創造について考えるなどして鑑賞の視点を豊かにし，見方や感じ方を深めることである。指導に当たっては，鑑賞の過程において，生徒が，日本及び諸外国のそれぞれの美術や文化について，これからの文化を創造する主体者として先人から学ぶことの意味と自己の価値観と生き方を結び付けて考えたり，対話を通じて自分自身との関わりだけでなく，他者や自然，社会との関わりなどから見方や感じ方を深めたりしていくことが重要である。

〔共通事項〕

> (1)「A表現」及び「B鑑賞」の指導を通して,次の事項を身に付けることができるよう指導する。
> 　ア　形や色彩,材料,光などの性質や,それらが感情にもたらす効果などを理解すること。
> 　イ　造形的な特徴などを基に,全体のイメージや作風などで捉えることを理解すること。

〔共通事項〕(1)は,「A表現」及び「B鑑賞」の学習において共通に必要となる造形的な視点を豊かにするために,形や色彩,材料,光などの性質や,それらが感情にもたらす効果,造形的な特徴などを基に,全体のイメージや作風などで捉えることを理解する項目である。

ここでの学習は,〔共通事項〕に示されている内容を,単に新たな事柄として知ることや言葉を暗記することに終始するものではなく,生徒一人一人が表現及び鑑賞の活動の学習過程を通して,個別の感じ方や考え方等に応じながら活用し身に付けたり,実感を伴いながら理解を深めたりし,新たな学習過程を経験することを通して再構築されていくものとなることが重要である。

第2学年及び第3学年において,表現及び鑑賞に関する資質・能力を豊かに育成するためには,〔共通事項〕に示されている内容を,表現及び鑑賞の各活動に適切に位置付けることが大切である。

> 　ア　形や色彩,材料,光などの性質や,それらが感情にもたらす効果などを理解すること。
> 　イ　造形的な特徴などを基に,全体のイメージや作風などで捉えることを理解すること。

アは,形や色彩,材料,光などのそれぞれの性質や,それらが感情にもたらす効果などについての理解に関する指導事項,イは,造形的な特徴などから,全体のイメージや作風などで捉えることについての理解に関する指導事項である。

第2学年及び第3学年では,第1学年において身に付けた資質・能力を柔軟に活用して,表現及び鑑賞に関する資質・能力をより豊かに高めることを基本としている。その観点に立って,生徒が造形を豊かに捉える多様な視点がもてるように,「第3　指導計画の作成と内容の取扱い」の2(1)に示されている内容に配慮し,アでは,作品などの造形の要素などに着目させて,色彩の色味や明るさ,鮮やかさや,

材料の性質や質感，形や色彩などの組合せによる構成の美しさなどについて実感を伴いながら理解できるようにする。イでは，作品などの全体に着目させて，造形的な特徴などを基に，見立てたり心情などと関連付けたりして全体のイメージで捉えることや，作風や様式などの文化的な視点で捉えることなどについて実感を伴いながら理解できるようにし，ア及びイの事項の理解が，生徒一人一人の造形的な視点を豊かにし，第2学年及び第3学年の表現及び鑑賞の学習の中でより豊かに働くようにすることが大切である。

〔共通事項〕を位置付けた各領域の指導

〔共通事項〕は「A表現」及び「B鑑賞」の指導と併せて，十分な指導が行われるように工夫することが大切である。特に第2学年及び第3学年においては，第1学年において身に付けた資質・能力を柔軟に活用していくことが重要である。また，〔共通事項〕により造形的な視点をもちながら，第2学年及び第3学年としての表現及び鑑賞に関する資質・能力を身に付けることができるよう，〔共通事項〕を表現及び鑑賞の各活動に適切に位置付け，題材の設定や指導計画の作成を行う必要がある。

〔共通事項〕を位置付けた各領域の指導については，次のような例が考えられる。
「A表現」(1)では，形や色彩，材料や光などから感じる優しさや楽しさ，寂しさなどの感情にもたらす効果や，造形的な特徴などを基に全体のイメージで捉えることを理解させながら，アでは，対象などの造形の要素の働きに着目させて深く見つめて感じ取らせたり，イメージを広げて夢，想像や感情などの心の世界などを思い描いたりする。イでは，目的や条件などを基に，環境や伝える相手，社会との関わりなどから考え，構想する場面で，主題を基に単純化や省略，強調，材料の組合せや，目的と美しさなどとの調和を総合的に考えるときに，形や色彩などの性質や効果，捉えた対象のイメージなどを表現の構想に生かすなどの学習活動が考えられる。

「A表現」(2)では，創造的に表す技能を働かせる場面で，自分の意図に合う新たな表現方法などを工夫するときに，形や色彩，材料や光などの性質や，感情にもたらす効果などについて理解したことを活用して創意工夫をするなどの学習活動が考えられる。また，見立てたり心情などと関連付けたりして全体のイメージで捉えることを理解することで，表したい感じを重視したり，自分の表したい感じが表現されているか確認したりして，常に表現を振り返りながら制作を進めることなどが考えられる。

「B鑑賞」では，主体的な鑑賞に関する資質・能力を高めることをねらいとしており，授業では漠然と対象を見て鑑賞をするのではなく，生徒が造形の要素の働きや，造形の要素の特徴などから全体のイメージや作風などで捉えることを理解しな

がら主体的に見方や感じ方を深めることができるよう指導を工夫することが大切である。鑑賞の活動においては，〔共通事項〕について効果的に指導を行い，作品などの造形の要素に着目して感じ取ったり，全体に着目してイメージを捉えたりして，主題に基づいた表現の工夫や作者の表現意図について考えることで，見方や感じ方が深まり，自分では気付かなかった新たな作品のよさを発見できるようになる。また，美術文化に関する鑑賞では，作風や様式などの文化的な視点で捉えることにより，作品や文化遺産などからそれぞれの国や時代による表現の特質がより一層明確となり，見方や感じ方を深めることなどが考えられる。

　指導に当たっては，第2学年及び第3学年の各事項に示されている表現及び鑑賞に関する資質・能力がより豊かに身に付けられるよう，〔共通事項〕を適切に位置付け，生徒が造形を豊かに捉える多様な視点をもてるようにするとともに，示されている内容について実感を伴いながら理解できるようにすることが大切である。

●3　内容の取扱い

　第2学年及び第3学年の美術の表現及び鑑賞の指導については，以下の(1)～(3)の事項について配慮しなければならない。

> (1) 第2学年及び第3学年では，第1学年において身に付けた資質・能力を柔軟に活用して，表現及び鑑賞に関する資質・能力をより豊かに高めることを基本とし，第2学年と第3学年の発達の特性を考慮して内容の選択や一題材に充てる時間数などについて十分検討すること。

第2学年及び第3学年の表現及び鑑賞の指導

　第2学年及び第3学年においては，第1学年で身に付けた資質・能力を柔軟に活用して，表現及び鑑賞に関する資質・能力をより豊かに高められるようにする。「A表現」及び「B鑑賞」の指導においては，2学年間で全ての指導事項を指導することとしていることから，「A表現」と「B鑑賞」の相互の関連や，学習がより深まるよう一題材に充てる時間数などについて十分検討する必要がある。特に第2学年及び第3学年では，各学年において内容を選択して扱えることで，一題材に時間をかけた指導も可能になるため，生徒がより個性を生かした創造活動ができるように，学校や生徒の実態に応じた弾力的な学習が展開できるようにする。また，第2学年と第3学年では発達の特性や創造活動の経験にも違いがあることを踏まえ，発達の特性に応じた題材を検討するなどして，それぞれの学年において育成する資質・能力を効果的に身に付けることができるように指導計画を作成することが大切である。

> (2) 「A表現」及び「B鑑賞」の指導に当たっては，発想や構想に関する資質・能力や鑑賞に関する資質・能力を育成する観点から，〔共通事項〕に示す事項を視点に，アイデアスケッチで構想を練ったり，言葉で考えを整理したりすることや，作品などに対する自分の価値意識をもって批評し合うなどして対象の見方や感じ方を深めるなどの言語活動の充実を図ること。

第2学年及び第3学年における言語活動の充実

　第2学年及び第3学年では，第1学年における学習を踏まえて発想や構想に関する資質・能力及び鑑賞に関する資質・能力を一層高める観点から，〔共通事項〕に示す事項を視点に，アイデアスケッチや扱いの容易な材料を用いて形や色彩などを試行錯誤することにより構想を練ったり，言葉で考えを整理したりすることや，作

品などに対する自分の価値意識をもって批評し合うなどして対象の見方や感じ方を深めるなどの言語活動の充実を図るようにする。

　自分の感じたことや表現についての自分の考えを〔共通事項〕に示す事項を視点に根拠を明らかにして述べたり批評したりすることは，表現及び鑑賞に関する資質・能力を高める上で重要な学習活動である。作品などに対する自分の価値意識をもって批評し合うなどの言語活動では，生徒一人一人が感じ取った作品のよさや美しさなどの価値を生徒同士で発表し批評し合い，自分の気付かなかったよさや表現の意図と創造的な工夫などを発見するなどして，一層広く深く感じ取ったり考えたりすることにつなげていくことが大切である。言語活動において，自分の価値意識をもって批評するためには，自分の中に対象などに対する価値を明確にもつことが前提となることに配慮する。また，言語活動のねらいが，第2学年及び第3学年における発想や構想に関する資質・能力や鑑賞に関する資質・能力の育成にあることに留意し，それぞれの学習のねらいに基づきながら〔共通事項〕に示す事項を視点に言語活動を行うようにすることが大切である。

　言語活動の充実を図る際には，「何のために言語活動を行うのか」ということを明確にし，言語活動を特に必要としていない場面で形式的に行ったり，〔共通事項〕に示す視点が十分でないままの単なる話合い活動に終始したりすることのないように留意する必要がある。

> (3)「B鑑賞」のイの(イ)の指導に当たっては，日本の美術の概括的な変遷などを捉えることを通して，各時代における作品の特質，人々の感じ方や考え方，願いなどを感じ取ることができるよう配慮すること。

日本の美術作品などに関する鑑賞の指導

　第2学年及び第3学年の日本の美術作品などの鑑賞と関連する「B鑑賞」(1)のイ(イ)では，第1学年の身近な地域や日本の文化遺産などのよさや美しさなどに関する学習を踏まえて，日本の美術作品や受け継がれてきた表現の特質などから，伝統や文化のよさや美しさを感じ取り，見方や感じ方を深めることを重視している。

　日本の美術の概括的な変遷などを捉えることとは，日本の美術の時代的な大まかな流れについて捉えることを示している。ここでは，日本の美術の伝統や文化のよさや美しさを感じ取ることができるよう，各時代の作品などを鑑賞し，相違点や共通点を把握しながら日本の美術の時代的な流れを大まかに捉えていき，各時代における作品の特質，人々の感じ方や考え方，願いなどを感じ取ることができるよう配慮することが大切である。その際，単に美術の通史や知識として暗記させる学習になることのないよう，作品の鑑賞を基にして，時代の変遷や時代背景，美術作品等

の特質という視点から鑑賞の学習を進めていく必要がある。また，調べる活動を行うに当たっては，美術館や図書館などを効果的に活用するとともに発表の機会を設け，計画的に実施する必要がある。

第4章　指導計画の作成と内容の取扱い

● 1　指導計画作成上の配慮事項

　各学校の指導計画の作成に当たっては，学習指導要領に示す美術科の目標及び内容について的確に把握し，各学校の教育目標との関連を明らかにして，学習内容の確実な定着を図り，生徒が個性を生かして主体的・創造的に学習に取り組み，一人一人のよさや可能性を伸ばすことができるようにすることが大切である。

　1　指導計画の作成に当たっては，次の事項に配慮するものとする。
　（1）題材など内容や時間のまとまりを見通して，その中で育む資質・能力の育成に向けて，生徒の主体的・対話的で深い学びの実現を図るようにすること。その際，造形的な見方・考え方を働かせ，表現及び鑑賞に関する資質・能力を相互に関連させた学習の充実を図ること。

主体的・対話的で深い学びの実現に向けた授業改善

　この事項は，美術科の指導計画の作成に当たり，生徒の主体的・対話的で深い学びの実現を目指した授業改善を進めることとし，美術科の特質に応じて，効果的な学習が展開できるように配慮すべき内容を示したものである。

　美術科の指導に当たっては，(1)「知識及び技能」が習得されること，(2)「思考力，判断力，表現力等」を育成すること，(3)「学びに向かう力，人間性等」を涵養することが偏りなく実現されるよう，題材など内容や時間のまとまりを見通しながら，主体的・対話的で深い学びの実現に向けた授業改善を行うことが重要である。

　生徒に美術科の指導を通して「知識及び技能」や「思考力，判断力，表現力等」の育成を目指す授業改善を行うことはこれまでも多くの実践が重ねられてきている。そのような着実に取り組まれてきた実践を否定し，全く異なる指導方法を導入しなければならないと捉えるのではなく，生徒や学校の実態，指導の内容に応じ，「主体的な学び」，「対話的な学び」，「深い学び」の視点から授業改善を図ることが重要である。

　主体的・対話的で深い学びは，必ずしも1単位時間の授業の中で全てが実現されるものではない。題材など内容や時間のまとまりの中で，例えば，主体的に学習に取り組めるよう学習の見通しを立てたり学習したことを振り返ったりして自身の学びや変容を自覚できる場面をどこに設定するか，対話によって自分の考えなどを広げたり深めたりする場面をどこに設定するか，学びの深まりをつくりだすために，

生徒が考える場面と教師が教える場面をどのように組み立てるか,といった視点で授業改善を進めることが求められる。また,生徒や学校の実態に応じ,多様な学習活動を組み合わせて授業を組み立てていくことが重要であり,題材などのまとまりを見通した学習を行うに当たり基礎となる「知識及び技能」の習得に課題が見られる場合には,それを身に付けるために,生徒の主体性を引き出すなどの工夫を重ね,確実な習得を図ることが必要である。

主体的・対話的で深い学びの実現に向けた授業改善を進めるに当たり,特に「深い学び」の視点に関して,各教科等の学びの深まりの鍵となるのが「見方・考え方」である。各教科等の特質に応じた物事を捉える視点や考え方である「見方・考え方」を,習得・活用・探究という学びの過程の中で働かせることを通じて,より質の高い深い学びにつなげることが重要である。

これまで美術科では,美術の創造活動を通して,自己の創出した主題や,自分の見方や感じ方を大切にし,創造的に考えて表現したり鑑賞したりする学習を重視してきた。「深い学び」の視点から学習活動の質を向上させるためには,造形的な見方・考え方を働かせ,表現及び鑑賞に関する資質・能力を相互に関連させた学習を充実させることで,美術を学ぶことに対する必要性を実感し目的意識を高めるなどの「主体的な学び」の視点も大切である。さらに,自己との対話を深めることや,〔共通事項〕に示す事項を視点に,表現において発想や構想に対する意見を述べ合ったり,鑑賞において作品などに対する自分の価値意識をもって批評し合ったりすることなどの「対話的な学び」の視点が重要である。このような言語活動の充実を図ることで,お互いの見方や感じ方,考えなどが交流され,新しい見方に気付いたり,価値を生み出したりすることができるようになる。

このように表現と鑑賞を関連させながら,主体的・対話的で深い学びに向けた授業改善を進めていくことで,造形的な見方・考え方が豊かになり,美術科において育成する資質・能力が一層深まっていくことになる。

---

(2) 第2の各学年の内容の「A表現」及び「B鑑賞」の指導については相互に関連を図り,特に発想や構想に関する資質・能力と鑑賞に関する資質・能力とを総合的に働かせて学習が深められるようにすること。

表現と鑑賞の指導の関連を図る

指導計画の作成に当たっては,表現及び鑑賞のそれぞれの学習の目標と内容を的確に把握し,相互の関連を十分に図った学習が展開されるよう配慮しなければならない。

そのためには，各内容における指導のねらいを十分に検討し，それを実現することのできる適切な題材を設定し，系統的に育成する資質・能力が身に付くよう指導計画に位置付ける必要がある。表現と鑑賞の相互の関連を図る際には，特に「思考力，判断力，表現力等」を育成する観点からは，発想や構想と鑑賞に関する資質・能力を総合的に働かせて学習が深められるよう十分配慮する必要がある。

　例えば，「A表現」(1)のア(ｱ)の発想し構想を練ることと「B鑑賞」(1)のア(ｱ)の作者の心情や表現の意図と工夫を考えることは相互に関連しており，感じ取ったことや考えたことなどを基にした表現に関する作品を鑑賞し，作者がどのようにして主題を生み出し，表現の工夫をしているのかについて考えることが，生徒が実際に表現する際に主題を生み出したり構想を練ったりする力を高めることになる。同様に「A表現」(1)のイ(ｱ)(ｲ)(ｳ)と「B鑑賞」(1)のア(ｲ)との関連では，目的や機能などを基にした表現に関する鑑賞の学習が，発想や構想に関する資質・能力を高めることにつながる。

　表現と鑑賞の指導の関連を図る際には，鑑賞の学習において，単に表現のための参考作品として，表面的に作品を見るのではなく，発想や構想と鑑賞の学習の双方に働く中心となる考えを軸にそれぞれの資質・能力を高められるようにすることが大切である。これらの相互の関連を図ることは，表現活動において発想や構想と関連する創造的に表す技能も高めることにもつながる。

　このように，表現と鑑賞は密接に関係しており，表現の学習が鑑賞に生かされ，そしてまた，鑑賞の学習が表現に生かされることで，一層充実した創造活動に高まっていくため，「A表現」と「B鑑賞」の相互の関連を十分に図り，学習の効果が高まるように指導計画を工夫する必要がある。

---

(3) 第2の各学年の内容の〔共通事項〕は，表現及び鑑賞の学習において共通に必要となる資質・能力であり，「A表現」及び「B鑑賞」の指導と併せて，十分な指導が行われるよう工夫すること。

〔共通事項〕の取扱い

　〔共通事項〕は表現及び鑑賞の学習において共通に必要となる資質・能力を示したものであり，造形的な視点を豊かにするために必要な知識として表現及び鑑賞の各活動に適切に位置付け，指導計画を作成する必要がある。

　〔共通事項〕を造形的な視点と関連させながら「A表現」及び「B鑑賞」の学習の中で十分に指導をするためには，具体的な学習活動を想定し，〔共通事項〕アの「形や色彩，材料，光などの性質や，それらが感情にもたらす効果などを理解すること」

や，イの「造形的な特徴などを基に，全体のイメージや作風などで捉えることを理解すること」が，表現及び鑑賞の活動の中で造形的な視点として豊かに働くようにどの場面でどのように指導するのかを明確に位置付け，指導計画の作成を行う必要がある。

その際，〔共通事項〕に示す事項の視点で指導を見直し学習過程を工夫することや，生徒自らが必要性を感じて〔共通事項〕に示す事項の視点を意識できるような題材を工夫するなどして，形や色彩などに対する豊かな感覚を働かせて表現及び鑑賞の学習に取り組むことができるようにすることが大切である。

また，小学校図画工作科の〔共通事項〕を踏まえた指導にも十分配慮する必要がある。

---

(4) 第2の各学年の内容の「A表現」については，(1)のア及びイと，(2)は原則として関連付けて行い，(1)のア及びイそれぞれにおいて描く活動とつくる活動のいずれも経験させるようにすること。その際，第2学年及び第3学年の各学年においては，(1)のア及びイそれぞれにおいて，描く活動とつくる活動のいずれかを選択して扱うことができることとし，2学年間を通して描く活動とつくる活動が調和的に行えるようにすること。

「A表現」(1)のア及びイと，(2)は原則として関連付ける

表現題材を設定する場合は，「A表現」(1)の発想や構想に関する項目と，(2)の技能に関する項目はそれぞれ単独で指導するものではなく，(1)のア及びイの一方と，(2)は原則として関連付けて行うこととしている。これは，表現の活動においては，発想や構想に関する資質・能力と，創造的に表す技能とが関連し合うことにより，相互の資質・能力が一層高まるためである。

しかし，時には指導の効果を高めるために，「A表現」(1)のア及びイの発想や構想に関する指導内容や，(2)のア及びイの技能に関する指導内容のみを比較的少ない単位時間で単独に扱った題材の設定も考えられる。その際は，他の題材との関連や配当時間などを十分検討し，指導計画を作成することが重要である。

描く活動とつくる活動のいずれも経験させる

ここでいう「描く活動」とは，スケッチや絵，グラフィックなデザインなど平面上に描くことを主とするが，立体の表面に描くことも含まれる。また，「つくる活動」とは主として彫刻や工芸，立体的デザインなどの立体的な表現のことである。各内容の指導においては，描く活動とつくる活動のいずれも経験させるようにし，

描く活動とつくる活動の学習に著しい偏りが生じないように配慮することが大切である。「A表現」においては，表現方法を幅広く捉えることができるように，発想や構想に関する項目とそれを実現させる創造的に表す技能に関する項目は，独立させている。そのため，描く活動とつくる活動の双方を取り入れた表現も考えられるが，その際，描く活動とつくる活動を通して身に付けさせる資質・能力を明確にし，単に平面，立体作品を制作させるのではなく，それぞれの活動を通して生徒の個性豊かな表現に関する資質・能力を伸ばし，様々な美術表現に親しめるように全体として調和のとれた指導計画を作成することが大切である。

第1学年の指導計画について

第1学年においては，美術の表現に関する資質・能力が幅広く身に付くようにするために基礎となる資質・能力の定着を図ることを基本とし，特定の表現分野の活動のみに偏ることなく，「A表現」(1)のア及びイそれぞれにおいて(2)と関連付けて，描く活動とつくる活動をいずれも扱うようにする。「第1学年の内容の取扱い」(1)に示されているように，年間45単位時間の中で全てを扱うことになるため，一般的に一題材に充てる授業時数は少なくなるものと考えられる。

指導計画の作成に当たっては，ねらいとする資質・能力を育成するために必要となる画面の大きさや時間数などを十分に考えて題材を検討する必要がある。そして，学年の目標が実現されるように，比較的短い時間で表現に関する資質・能力が身に付くような題材を効果的に位置付け，指導計画を作成する必要がある。

第2学年及び第3学年の指導計画について

第2学年及び第3学年では，第1学年において身に付けた表現に関する資質・能力を柔軟に活用して，より豊かに高めることを基本としていることから，一題材に時間をかけて指導することが考えられる。そのため，各学年において内容を選択して行うことが可能であり，2学年間で全ての事項を指導することとしている。

その際，指導計画の作成に当たっては，学習の内容が偏らないように，第2学年及び第3学年の各学年においては，「A表現」(1)のア及びイの双方を扱うようにするとともに，「A表現」全体を通して描く活動とつくる活動が一度は行われるようにする。そして，2学年間で「A表現」(1)のア及びイそれぞれにおいて(2)と関連付けて，描く活動とつくる活動をいずれも扱うようにし，調和のとれた指導計画を作成することが大切である。

つまり，第2学年で(1)のアにおいて描く活動を計画した場合には，(1)のイではつくる活動を計画し，第3学年では(1)のアでつくる活動，(1)のイで描く活動を計画することになる。このように，第2学年及び第3学年のいずれの学年においても，

(1)のア及びイの双方と，描く活動とつくる活動の双方の学習を経験し，それぞれの資質・能力が高められるようにするということである。

それを図に表すと次の「A表現」の指導計画の作成例Ⅰ・Ⅱとなる。

「A表現」の指導計画の作成例Ⅰ

A表現 \ 学年	(1)アと(2) 感じ取ったことや考えたことなどを基に，絵や彫刻などに表現する活動		(1)イと(2) 伝える，使うなどの目的や機能を考え，デザインや工芸などに表現する活動	
	描く活動	つくる活動	描く活動	つくる活動
第1学年	○	○	○	○
第2学年	○			○
第3学年		○	○	

「A表現」の指導計画の作成例Ⅱ（第1学年は同じ）

第2学年		○	○	
第3学年	○			○

　なお，「第2学年及び第3学年の内容の取扱い」(1)に示されているように，第2学年と第3学年では，生徒の発達の特性や創造活動の経験にも違いがあることを踏まえ，発達の特性に応じた題材を検討するなどして，それぞれの学年において育成する資質・能力を効果的に身に付けることができるように指導計画の作成をすることが大切である。

---

(5) 第2の内容の「B鑑賞」の指導については，各学年とも，各事項において育成を目指す資質・能力の定着が図られるよう，適切かつ十分な授業時数を確保すること。

「B鑑賞」の授業時数の確保

　「B鑑賞」に充てる授業時数について，今回の改訂では，「各事項において育成を目指す資質・能力の定着が図られるよう，適切かつ十分な授業時数を確保すること」としている。これは，鑑賞の学習を年間指導計画の中に適切に位置付け，鑑賞の学習の目標を実現するために必要な授業時数を定め，確実に実施しなければならない

ことを意味している。そのために,鑑賞と表現との関連を考えて鑑賞の指導を位置付けたり,ねらいに応じて独立した鑑賞を適切に設けたりするなど指導計画を工夫する必要がある。

　鑑賞に充てる時数は示していないが,「B鑑賞」の各事項に示されている資質・能力を身に付けさせることができるかどうかを考え,適切かつ十分な時数を確保しなければならない。その際,生徒や各学校の実態,地域性などを生かした効果的な指導方法を工夫することが求められる。

> （6）障害のある生徒などについては,学習活動を行う場合に生じる困難さに応じた指導内容や指導方法の工夫を計画的,組織的に行うこと。

障害のある生徒などへの配慮

　障害者の権利に関する条約に掲げられたインクルーシブ教育システムの構築を目指し,生徒の自立と社会参加を一層推進していくためには,通常の学級,通級による指導,特別支援学級,特別支援学校において,生徒の十分な学びを確保し,一人一人の生徒の障害の状態や発達の段階に応じた指導や支援を一層充実させていく必要がある。

　通常の学級においても,発達障害を含む障害のある生徒が在籍している可能性があることを前提に,全ての教科等において,一人一人の教育的ニーズに応じたきめ細かな指導や支援ができるよう,障害種別の指導の工夫のみならず,各教科等の学びの過程において考えられる困難さに対する指導の工夫の意図,手立てを明確にすることが重要である。

　これを踏まえ,今回の改訂では,障害のある生徒などの指導に当たっては,個々の生徒によって,見えにくさ,聞こえにくさ,道具の操作の困難さ,移動上の制約,健康面や安全面での制約,発音のしにくさ,心理的な不安定,人間関係形成の困難さ,読み書きや計算等の困難さ,注意の集中を持続することが苦手であることなど,学習活動を行う場合に生じる困難さが異なることに留意し,個々の生徒の困難さに応じた指導内容や指導方法を工夫することを,各教科等において示している。

　その際,美術科の目標や内容の趣旨,学習活動のねらいを踏まえ,学習内容の変更や学習活動の代替を安易に行うことがないよう留意するとともに,生徒の学習負担や心理面にも配慮する必要がある。

　例えば,形や色彩などの変化を見分けたり,微妙な変化を感じ取ったりすることが難しい場合などにおいて,生徒の実態やこれまでの経験に応じて,造形の要素の特徴や働きが分かりやすいものを例示することや,一人一人が自分に合ったものが

選べるように，多様な材料や用具を用意したり種類や数を絞ったり，造形の要素の特徴や働きが分かりやすいものを例示したりするなどの配慮をする。また，造形的な特徴などからイメージを捉えることが難しい場合などにおいて，形や色などに対する気付きや豊かなイメージにつながるように，自分や他の人の感じたことや考えたことを言葉にする場を設定するなどが考えられる。

　美術科においては，表現及び鑑賞の活動を通して，一人一人の生徒が感性や想像力などを働かせて，対象や事象の様々なことを感じ取り考えながら，自分としての意味や価値をつくりだし，美術の創造活動の喜びを味わえるよう，互いの表現のよさや個性などを認め尊重し合う活動を重視している。また，表現及び鑑賞に関する資質・能力を育成する観点から，一人一人の状況や発達の特性に配慮し，個に応じた学習を充実させていくことが求められる。

　なお，学校においては，こうした点を踏まえ，個別の指導計画を作成し，必要な配慮を記載し，他教科等の担任と共有したり，翌年度の担任等に引き継いだりすることが必要である。

---

(7) 第1章総則の第1の2の(2)に示す道徳教育の目標に基づき，道徳科などとの関連を考慮しながら，第3章特別の教科道徳の第2に示す内容について，美術科の特質に応じて適切な指導をすること。

道徳科との関連

　美術科の指導においては，その特質に応じて，道徳について適切に指導する必要があることを示すものである。

　第1章総則の第1の2(2)においては，「学校における道徳教育は，特別の教科である道徳（以下「道徳科」という。）を要として学校の教育活動全体を通じて行うものであり，道徳科はもとより，各教科，総合的な学習の時間及び特別活動のそれぞれの特質に応じて，生徒の発達の段階を考慮して，適切な指導を行うこと」と規定されている。

　美術科における道徳教育の指導においては，学習活動や学習態度への配慮，教師の態度や行動による感化とともに，以下に示すような美術科と道徳教育との関連を明確に意識しながら，適切な指導を行う必要がある。

　美術科の目標においては，「表現及び鑑賞の幅広い活動を通して，造形的な見方・考え方を働かせ，生活や社会の中の美術や美術文化と豊かに関わる資質・能力を次のとおり育成することを目指す。」とし，(3)の「学びに向かう力，人間性等」に関する目標に「美術の創造活動の喜びを味わい，美術を愛好する心情を育み，感性を

豊かにし，心豊かな生活を創造していく態度を養い，豊かな情操を培う。」と示している。

　創造する喜びを味わうようにすることは，美しいものや崇高なものを尊重する心につながるものである。また，美術の創造による豊かな情操は，道徳性の基盤を培うものである。

　次に，道徳教育の要としての特別の教科である道徳（以下「道徳科」という。）の指導との関連を考慮する必要がある。美術科で扱った内容や教材の中で適切なものを，道徳科に活用することが効果的な場合もある。また，道徳科で取り上げたことに関係のある内容や教材を美術科で扱う場合には，道徳科における指導の成果を生かすように工夫することも考えられる。そのためにも，美術科の年間指導計画の作成などに際して，道徳教育の全体計画との関連，指導の内容及び時期等に配慮し，両者が相互に効果を高め合うようにすることが大切である。

●2　内容の取扱いと指導上の配慮事項

　美術の表現及び鑑賞の指導については,以下の(1)～(7)の事項について配慮して行う必要がある。

> 2　第2の内容の取扱いについては,次の事項に配慮するものとする。
> (1)〔共通事項〕の指導に当たっては,生徒が造形を豊かに捉える多様な視点をもてるように,以下の内容について配慮すること。

〔共通事項〕の指導

　〔共通事項〕の指導に当たっては,各事項について実感を伴いながら理解をすることにより,形や色彩,材料や光などの造形の要素に着目してそれらの働きを捉えたり,全体に着目して造形的な特徴などからイメージを捉えたりできるようにすることが大切である。ここでの指導の重要な点は,造形を豊かに捉える多様な視点をもてるようにすることで,今まで気付かなかった作品などのよさや美しさ,面白さなどに気付いたり,新たな意味や価値を発見したりすることにつながることを実感させることである。その際,例えば,色彩の「色味」や「明るさ」,「鮮やかさ」や材料などの「質感」,「余白」や「動勢」などの造形に関する言葉を意図的に用いて説明したり話し合ったりすることにより,それらの枠組みで様々な造形を捉えられるようにすることも大切である。

> ア　〔共通事項〕のアの指導に当たっては,造形の要素などに着目して,次の事項を実感的に理解できるようにすること。

〔共通事項〕のアの指導

　〔共通事項〕に示すアの事項の指導に当たっては,形や色彩,材料,光などの造形の要素などに着目して,それらがもつ性質や,感情にもたらす効果などについて実感を伴いながら理解できるようにすることが大切である。

> (ア)　色彩の色味や明るさ,鮮やかさを捉えること。

色彩の色味や明るさ、鮮やかさ

　色彩には、色味や明るさ、鮮やかさなどの性質があり、それらについて体験を通して直接感じ取り理解できるようにする。ここでの指導の重要な点は、色の三属性などについて単に言葉を暗記させることに終始するのではなく、学習活動を通して、実感を伴って理解できるようにすることである。色彩に関する視点をもつことで、漠然と色彩を捉えるのではなく、表現や鑑賞の活動の中で、色味、明るさ、鮮やかさという枠組みで色彩を捉えられるようにすることが大切である。

(イ)　材料の性質や質感を捉えること。

材料の性質や質感

　材料には、硬さや軟らかさなどの性質や、材料のもつ地肌の特徴や質感による「冷たい」、「温かい」など、人間の感覚や感情に強く働きかける特性がある。例えば、材料によっては強度や手触りの違いがあったり、同じ材料でも磨くことにより光沢が出るなど、手を加えることによって性質や質感などが変化したりするものもある。また、質感は材料に触れることで捉えられるものであるが、材料に対する経験が高まることで、視覚的に捉えられるようにもなる。材料の性質や質感を捉えさせるためには、実際に材料を手に取らせ、その感触などを十分に確かめさせるとともに材料の可変性などに気付かせることが大切である。

(ウ)　形や色彩、材料、光などから感じる優しさや楽しさ、寂しさなどを捉えること。

形や色彩、材料、光などが感情にもたらす効果

　形や色彩、材料、光などには、形の優しさ、色の楽しさや寂しさ、材料のもつ温かみ、光の柔らかさなど、感情にもたらす効果がある。ここでの指導の重要な点は、例えば、色彩について暖色や寒色などを固定的に教えるのではなく、色彩が感情にもたらす様々な効果に着目させたり、そのような視点で色彩を豊かに捉えさせたりすることである。その際、感情にもたらす効果には、一人一人の感じ方が異なるものと、多くの人が共通に感じるものとがあることに留意することも必要である。また、絵や彫刻などに表現する活動では、自分自身の捉え方から主題を生み出すことが中心になるのに対して、デザインや工芸などに表現する活動では、多くの人が共感できるかどうかを検討するなど客観的な捉え方を重視することが中心となる。

指導に当たっては，他者との対話や学級全体での発表などを取り入れ，それぞれの捉え方の違いや共通していることなどに気付かせるとともに，自分が感じた根拠を探るなどして理解が深められるようにすることなどが考えられる。

(エ)　形や色彩などの組合せによる構成の美しさを捉えること。

構成の美しさ

　形や色彩などの大きさや配置の変化などによる組合せが生み出す構成の美しさを捉えることは，形や色彩などの美しさや働きに気付き，造形的な可能性を発見することでもある。ここでの指導の重要な点は，例えば，リズムやリピテーションなどによる構成が単に類型的な狭い扱いにならないよう，動きや躍動感を実感的に捉え，試したり，組合せを楽しんだりする中で造形的な視点を豊かに育てていくことが大切である。

(オ)　余白や空間の効果，立体感や遠近感，量感や動勢などを捉えること。

余白や空間の効果，立体感や遠近感，量感や動勢など

　余白や空間の効果，立体感や遠近感，量感や動勢などを捉えることは，平面作品や立体作品などを豊かに表現したり鑑賞したりするための重要な視点である。例えば，背景に何も描かれていない作品を見たときに，余白の効果という視点をもつことで，それまで感じていなかった作品のよさに気付くことがある。また，彫刻を見たときに，動勢という視点をもつことで，気付かなかった作品の動きや躍動感に気付くことがある。指導に当たっては，これらの効果などと造形の要素の働きとの関連について考えさせることや，知ることにより対象を捉える新たな視点をもつことができるようにすることなどが考えられる。

イ　〔共通事項〕のイの指導に当たっては，全体のイメージや作風などに着目して，次の事項を実感的に理解できるようにすること。

〔共通事項〕のイの指導

　〔共通事項〕に示すイの事項の指導に当たっては，対象などを部分にとらわれて見るのではなく，全体を大きく見る視点からイメージなどを捉えることが重要であ

る。ここでは，造形的な特徴などに着目して具体物に見立てたり心情などと関連付けたりして全体のイメージで捉えることや，作風や様式などの文化的な視点で捉えることなどについて実感をもって体験し，理解できるようにすることが大切である。

> (ア) 造形的な特徴などを基に，見立てたり，心情などと関連付けたりして全体のイメージで捉えること。

造形的な特徴などを基に全体のイメージで捉えること

　造形的な視点を豊かにもち，対象や事象などからイメージを捉えることができるようにするためには，漠然と全体を見るだけでは十分ではない。例えば，造形的な特徴などから何かに見立てたり，「かわいい」，「寂しい」などの心情などと関連付けたりすることによって，具体的に自分なりのイメージを捉えられるようになる。ここでの指導の重要な点は，最初の直感的なイメージも大切にしながら，見立てたり心情などと関連付けたりして全体のイメージで捉えることについて実感を伴いながら理解できるようにし，更に見方を変えるなどして新たな視点に気付いたり深められたりすることである。そのため，自分が感じたイメージを他者と伝え合ったり，根拠について話し合ったりするなどして，他者とイメージを共有したり新たな視点に気付いたりする活動が大切である。

> (イ) 造形的な特徴などを基に，作風や様式などの文化的な視点で捉えること。

作風や様式などの文化的な視点で捉えること

　対象などを造形的な視点で大きく捉える場合，造形的な特徴などからイメージを捉える視点とともに，作風や様式などで捉える文化的な視点がある。

　霧がかかった山の風景を見たときに水墨画のようだと感じたり，光と影のコントラストが強い絵画を見たときにバロックの絵画を思い出したりすることがある。さらに，工芸作品などから和風な感じや現代的などの印象を感じることや，作風や様式などの文化的な視点で捉えることはその一例である。このように作風や様式などの視点をもって対象などを捉えることは，より豊かな表現や鑑賞の学習につながるものである。例えば，明るく日が照った風景を見たときに，印象派の絵画のイメージと重なり，実際の風景の見え方が変わったり，印象派の作風をヒントに新たな描き方を思いついたりすることなどが考えられる。このような作風や様式などは，遠い過去から現代に続く美術の長い歴史の中で，先人の努力や知恵が受け継がれ発展

していく中でつくられたものである。美術科の学習として、これらを学ぶことは重要であり、先人の感性や美意識を生かし、水墨画のように大気を意識して風景を見たり、印象派のような光の捉え方に気付いたりするなど、新たな感じ方や感性を育てることにつながるものである。

指導に当たっては、「A表現」及び「B鑑賞」の指導を通して実感を伴いながら理解できるようにし、単に美術史や知識の教え込みにならないように留意することが大切である。また、作風や様式などから自分が捉えたことを他者と伝え合うなどして深めさせたり、文献などを調べて理解したことなどから、さらに、関連する作風などにイメージが広がるような活動を通して理解を深めたりすることなどが考えられる。

---

(2) 各学年の「A表現」の指導に当たっては、主題を生み出すことから表現の確認及び完成に至る全過程を通して、生徒が夢と目標をもち、自分のよさを発見し喜びをもって自己実現を果たしていく態度の形成を図るようにすること。

夢や目標と自己実現

創造は、まず夢や目標や課題をもつことから始まる。思春期の生徒は、美へのあこがれ、社会や科学、神秘性などに興味をもち、自己の現在及び未来への願いや、生活や社会を改善していくための方策など積極的、建設的な夢を描けるようになる。また、理想と現実とのはざまに悩み自己嫌悪に陥ったり、不信感をもったりする時期でもある。この時期に、表現の活動を通して、自己の夢や目標を形や色彩、材料などによって具体的な形としてつくりだしたり可視化したりすることで、自己の肯定的認識を高め、未来へのあこがれなどを思い描き自己挑戦し続けながら、自己実現を果たしていく意欲や態度を養うことが大切である。

特に、発想や構想から完成までの全過程にわたる表現の活動を通して、学習活動への自分の取組を見つめ、向上を目指して工夫し、自己のよさを確認していく主体的な態度を育てていくことは、自発性、主体性、ひいては自己教育力等の育成を促す重要な契機となる。また、それぞれの過程で一人一人の構想や表現のよさを多様な方法で評価し、励ますことによって主体的な表現への意欲を高めることも大切である。そして、それらの全過程を通して、生徒が自分の夢と目標をもてるように配慮することが大切である。

> (3) 各学年の「A表現」の指導に当たっては，生徒の学習経験や資質・能力，
> 発達の特性等の実態を踏まえ，生徒が自分の表現意図に合う表現形式や技法，
> 材料などを選択し創意工夫して表現できるように，次の事項に配慮すること。

表現形式や技法などの指導

「A表現」の指導に当たっては，生徒一人一人の希望や考えを大切にし，それぞれのよさが発揮され，資質・能力が高められるように柔軟な指導をすることが求められる。表現形式や技法，材料などの指導については，生徒の表現に関する資質・能力を育む重要な手段として捉え，主題や意図に応じて表現できるように，それぞれの特性を知識としてのみならず体験を通して身に付け，創造的に表す技能として活用できるようにする必要がある。

これらの指導に当たっては，教師の価値観による一方的な指導や，特定の表現形式や表現手段，技法，材料の画一的な教え込みにならないように留意する。また，鑑賞の活動との関連を図ることで様々な創造的な工夫に出合う機会をつくることも大切である。

ここで大事にしたいことは，生徒一人一人が強く表したいことを心の中に思い描くことができるようにし，自分の表現意図をしっかりともちながら，形や色彩，材料などで実現できるように指導することであり，そのためには，全員が画一的な表現になることなく，様々な表現形式や技法，材料に触れさせる中で，生徒が自ら表現形式を選択し創意工夫する態度を養うなど資質・能力の育成を図ることが必要である。

> ア　見る力や感じ取る力，考える力，描く力などを育成するために，スケッチ
> 　の学習を効果的に取り入れるようにすること。

スケッチの活用

スケッチは，それ自体が表現の喜びを味わえるものであるとともに，作品の発想や構想の場面から，完成，発表や交流までのあらゆる場面で必要な学習である。単に描く力だけでなく，見る力や感じ取る力をはじめ，「思考力，判断力，表現力等」を育成するものであり，その重要性を認識し，表現に関する資質・能力を育成するために効果的に取り入れる必要がある。

スケッチは，大きく次の3点で捉えることができる。

① 自然や人物，ものなどをじかに見つめて，諸感覚を働かせ，様々な視点から対

象を捉えて描くスケッチ
②　見たことや思い付いたアイデアなどを描きとめ，イメージを具現化するための発想や構想を練るスケッチ
③　伝える相手の立場に立って，伝えたい情報を分かりやすく絵や図に描くプレゼンテーションとしてのスケッチ

　①では，自然や対象の美しさ，造形的な面白さ，情緒，生命感やものの存在感，美の感動や不思議などを感じ取ることを大切にする。
　②では，多くのアイデアを出しイメージや考えを広げながら，それらを組み合わせたりまとめ上げたりすることを大切にする。
　③では，必要な情報を選択し，単純化や強調をしながら必要とされる伝達の意図が明確に伝わるように構成することを大切にする。
　表現の学習においては，育成する資質・能力を踏まえて，これらのスケッチを効果的に取り入れ，表現に関する資質・能力を総合的に培っていかなければならない。

イ　美術の表現の可能性を広げるために，写真・ビデオ・コンピュータ等の映像メディアの積極的な活用を図るようにすること。

映像メディアの活用

　映像メディアによる表現は，今後も大きな発展性を秘めている。デジタル機器の普及などにより，映像メディアの活用は従前に比べると図りやすくなってきているといえる。これらを活用することは表現の幅を広げ，様々な表現の可能性を引き出すために重要である。
　また映像メディアは，アイデアを練ったり編集したりするなど，発想や構想の場面でも効果的に活用できるものである。次のような特徴を生かし，積極的な活用を図るようにすることが大切である。

【写真】
　デジタルカメラの普及に伴い，授業の中でも容易にたくさんの写真を撮ることができるようになってきている。それに伴い，数多く撮影した写真の中から自分がよいと思うものを選ぶ機会も増えてきている。授業では，写真で表現することを通して，何を学ばせるのかを明確にして活用を図ることが大切である。
　写真の表現においては，被写体に対して，どのように興味をもち感動したのか，何を訴えたいのかなどを考え，効果的に表現するために構図の取り方，広がりや遠近の表し方，ぼかしの生かし方などを工夫することが大切である。例えば，構図の取り方では，デジタルカメラで撮影枚数を制限したり三脚などを使ったりして，しっ

かりと主題に基づいた構図を考えさせたりすることなどが考えられる。また，複数の写真を撮影した場合には，学習のねらいに基づきながら，撮影したものの中で主題をよりよく表現している写真を比較検討する活動や，何枚かの写真を組み合わせた組み写真として物語性をもたせる活動なども考えられる。

【ビデオ】

　ビデオは一枚の絵や写真では表せない時間の経過や動きが生かせる表現であり，その特質を理解させる必要がある。グループで分担を決め学校紹介やコマーシャルをつくったり，動きを連続させて描いた絵をコマ撮りして，短編アニメーションをつくったりすることもできる。

【コンピュータ】

　コンピュータの特長は，何度でもやり直しができたり，取り込みや貼り付け，形の自由な変形，配置換え，色彩換えなど，構想の場面での様々な試しができたりすることにある。そのよさに気付かせるようにするとともに，それを生かした楽しく独創的な表現をさせることが大切である。

> ウ　日本及び諸外国の作品の独特な表現形式，漫画やイラストレーション，図などの多様な表現方法を活用できるようにすること。

多様な表現方法の活用

　生徒の表現の能力を一層豊かに育成するためには，ねらいや目的に応じて表現方法を選択できるように，多様な表現方法を学習する機会を効果的に取り入れる必要がある。

【日本及び諸外国の独特な表現形式】

　生徒の表現の能力を高めるためには，国や地域などによる表現の違いや特色に気付かせ，幅広い柔軟な思考力や表現の技能を育成することが大切である。そのためには，多様な表現方法に興味をもたせ，自分の表現意図に合った方法を活用できるようにすることが求められる。例えば，日本の美術の表現には，扇や短冊，屏風に描いた絵，絵巻物など様々な大きさや形の紙などに描かれた絵がある。また，余白の生かし方，上下遠近，吹抜屋台などいろいろな表現方法がある。多様な表現形式，表現方法のよさを理解させ，自分の表現に取り入れるなどして表現に幅をもたせるようにすることが大切である。

【漫画，イラストレーション，図】

　漫画は，形を単純化し，象徴化，誇張などして表現する絵である。日本では関連するものとして「鳥獣人物戯画巻」や「信貴山縁起絵巻」，江戸時代の人々の生活

を漫画風に描いた「北斎漫画」なども残されており，日本の伝統的な表現形式の一つといえる。イラストレーションは，挿絵，図解，説明や装飾のための図や絵などのことであり，書籍や雑誌，新聞，ポスター，映像メディアなどに活用され，日常の生活の中に深く浸透してきている。図は特に，瞬時に内容が分かり伝わることが大切であり，その目的や，何を示したいのかを考え，単純化・強調などをする必要がある。これらの表現方法の指導においては，表現する対象や目的に応じて，形と色彩の調和や効果を考えて表現をさせることが大切である。

> エ　表現の材料や題材などについては，地域の身近なものや伝統的なものも取り上げるようにすること。

地域の材料や題材などを取り上げる

　美術科は自然のものから人工の材料までを自由に取り込み，表現することのできる教科である。

　材料の取り上げ方については，小学校での材料体験を基にし，それを活用したり，組合せを工夫したりするなどして，中学校では発展的に取り上げるようにする。また，未体験の材料などに挑戦することも，表現の可能性を広げたり生徒の意欲を喚起したりするために必要である。

　各地域には，粘土，砂，石，和紙，木，竹などの独特の材料があり，それら地域の材料の特性を生かした表現方法や題材を工夫して指導することが大切である。その際，地域の伝統的な工芸，民芸など，地域の材料とそれに伴う表現技術，伝統工芸家や作家など経験豊かな人材なども併せて活用するなどして，美術が生活に根ざし，伝統や文化の創造の礎となっていることを，体験を通して理解させ，美術の学習を深めることも大切である。

> (4) 各活動において，互いのよさや個性などを認め尊重し合うようにすること。

他者と学び合うこと

　美術科の授業においては，生徒一人一人が個々に作品を制作したりするような個人による学習の形態をとる場合が多い。また，鑑賞の学習においても，個人で作品を鑑賞したり，教師とのやり取りだけの活動で終始したりすることも見受けられる。美術科の学習は一人一人が表現や鑑賞を通して，感性や想像力を働かせて，自分と

しての意味や価値をつくりだしていく。そこには，一人一人のよさや個性などがあり，それらは他者と交流し，認め合い尊重し合う活動をすることによってより高められていく。例えば，表現の活動において，制作の過程や完成段階などで，学級全体やグループなど学習形態を工夫して，一人一人が自分の思いや工夫したことなどを発表したり，他者のよさを認め合ったりして，それぞれが学んだことを共有する学習の機会を設けることでより互いを高めていく。また，鑑賞の活動において，一人一人の見方や感じ方を説明し合ったり，批評し合ったりすることは他者の理解にもつながっていく。このように表現や鑑賞を通じて他者と考えを交流させ互いに学び合うことを経験させる中で，互いの表現のよさや個性などを認め合い尊重し合う態度を育てるようにする。このことは，一人一人が自分の考えをもち，それを発表し，他者と議論・交流をしていく資質・能力や態度を育てる上でも大切な意義をもっている。また，これは表現や鑑賞への意欲や自己肯定感を高めることにつながるものである。

---

(5) 互いの個性を生かし合い協力して創造する喜びを味わわせるため，適切な機会を選び共同で行う創造活動を経験させること。

共同で行う創造活動

「共同で行う創造活動」とは，一人一人が持ち味を生かして一つの課題や題材に取り組み，協力して創造する活動である。

具体的な方法については，発想，構想，計画，制作から完成に至る過程での話合いを重視し，学級全体あるいは小グループの活動などの中で互いの個性を生かした分担をして活動を行うようにし，単なる作業分担に終わってしまうことのないよう留意する必要がある。

3年間の中学校生活の中で適切な時期を選び，生徒が創造活動を共同で取り組むことができる機会や場を設け，共同で行う創造活動を経験させるよう指導計画に位置付けるようにすることが大切である。

---

(6) 各学年の「B鑑賞」の題材については，国内外の児童生徒の作品，我が国を含むアジアの文化遺産についても取り上げるとともに，美術館や博物館等と連携を図ったり，それらの施設や文化財などを積極的に活用したりするようにすること。

鑑賞の題材，美術館等との連携や活用

　生徒が我が国を含む諸外国の児童生徒の作品，アジアの文化遺産などを鑑賞し，人間の成長発達と表現の変容，国などの違いによる表現の相違などについて理解を広げることは重要である。授業では，我が国及び諸外国の多様な年齢層の人の作品を比較して鑑賞したり，我が国の文化遺産などとの関連の深いアジアの文化遺産についても取り上げたりすることなどが考えられる。また，美術作品等の保存や修復の重要性，国際協力の側面なども併せて学ばせるようにする。

　地域によって美術館や博物館等の施設や美術的な文化財の状況は異なるが，学校や地域の実態に応じて，実物の美術作品を直接鑑賞する機会が得られるようにしたり，作家や学芸員と連携したりして，可能な限り多様な鑑賞体験の場を設定するようにする。連携については，生徒の鑑賞の活動をより豊かに展開していく観点から学校と美術館等が活動のねらいをお互いに共有しながら推進することが大切である。その上で，それぞれの美術館や関係機関等において行われている研修会などとの連携や，美術館等と教育委員会，教師が共同で鑑賞プログラムや鑑賞教材を開発するなど，学校や地域の実態に応じた連携などが考えられる。

　また，この学習の計画に当たっては，総合的な学習の時間や学校行事，地域に関係する行事などとの関連を図るなどの工夫も考えられる。

---

(7) 創造することの価値を捉え，自己や他者の作品などに表れている創造性を尊重する態度の形成を図るとともに，必要に応じて，美術に関する知的財産権や肖像権などについて触れるようにすること。また，こうした態度の形成が，美術文化の継承，発展，創造を支えていることへの理解につながるよう配慮すること。

創造性を尊重する態度の形成と知的財産権や肖像権

　生徒一人一人が創意工夫を重ねて生み出した作品にはかけがえのない価値があり，自己や他者の作品などに表れている創造性を尊重する態度を育成することが重要である。その指導の中で，必要に応じて著作権などの知的財産権や肖像権に触れ，作者の権利を尊重し，侵害しないことについての指導も併せて必要である。

　著作者の没後又は著作物の公表後50年を経ない作品には著作権がある。具体的には，絵画，漫画，イラストレーション，雑誌の写真などには著作権があるので，これらを用いて模写をしたりコラージュをしたりすること，テレビ番組や市販されているビデオやコンピュータソフトの一部ないし全部を使用してビデオ作品を制作することなどについては，原則として著作権をもつ者の了解が必要である。ただし，

授業で利用する場合は例外とされ，一定の条件を満たす場合には著作者の了解を得る必要がない。もっとも，他人の著作物を活用した生徒作品を学校のウェブサイトなどへ掲載したり，コンクールへ出品したり，看板やポスターなどを地域に貼ったりすることは，例外となる条件を満たさないため無断で行うことはできないと考えられる。

　生徒の作品も有名な作家の作品も，創造された作品は同等に尊重されるものであることを理解させ，加えて，著作権などの知的財産権は，文化・社会の発展を維持する上で重要な役割を担っていることにも気付かせるようにする。また，肖像権については著作権などのように法律で明記された権利ではないが，プライバシーの権利の一つとして裁判例でも定着している権利なので，写真やビデオを用いて人物などを撮影して作品化する場合，相手の了解を得て行うなどの配慮が必要である。

　日々の指導の中で，生徒が創造することの価値を捉え，自己や他者の作品などに表れている創造性を尊重する態度の形成を図るとともに，こうした態度の形成が，美術文化の継承，発展，創造を支えていることへの理解につながるよう配慮することが大切である。

3 安全指導

> 3 事故防止のため，特に，刃物類，塗料，器具などの使い方の指導と保管，活動場所における安全指導などを徹底するものとする。

　事故防止のためには，用具や機械類は日常よく点検整備をし，刃物類をはじめとした材料・用具の正しい使い方や手入れや片付けの仕方などの安全指導を，授業の中で適切な機会を捉えて行う必要がある。

　刃物類の扱いや保管・管理には十分留意し，事故を招かないように安全指導を徹底するとともに，貸し出しする道具については劣化の点検や番号を記入するなどして，その管理に努める。また，電動の糸のこぎりやドリルなど電動機械については慎重に取り扱い，使用時には教師が直接指導に当たり，適切な扱い方を学ばせるとともに，安全意識をもたせるなどの指導が大切である。

　塗料類及び薬品類の使用に際しては，換気や保管・管理を確実に行うとともに，薬品などに対してアレルギーをもつ生徒などを事前に把握するなどの配慮も必要である。

　また，作品や用具，塗料，器具等を収納するロッカーや棚などについては，生徒が不意に体をぶつけたり，地震が起きたりしても安易に倒壊しない措置を講じておくなどして，安全管理に努める必要がある。

4 学校における鑑賞の環境づくり

> 4 学校における鑑賞のための環境づくりをするに当たっては,次の事項に配慮するものとする。
> (1) 生徒が造形的な視点を豊かにもつことができるよう,生徒や学校の実態に応じて,学校図書館等における鑑賞用図書,映像資料等の活用を図ること。

　鑑賞が授業としての学習だけではなく,平素の学校生活の中で親しめるようにすることが大切である。日常的に美術鑑賞に親しみ,校内環境の美的な装飾などに心掛けていくことで,生徒一人一人の造形的な視点を豊かにし,感性や情操が培われるようにするとともに,このことが美術科の授業において鑑賞の学習や表現の学習への意欲付けにもなるよう工夫していくことが大切である。したがって,生徒作品をはじめ様々な鑑賞作品,鑑賞用の図書資料や映像資料などを,美術室や校内,その他の適切な場所に展示したり備えたりするようにすることが必要である。

> (2) 生徒が鑑賞に親しむことができるよう,校内の適切な場所に鑑賞作品などを展示するとともに,学校や地域の実態に応じて,校外においても生徒作品などの展示の機会を設けるなどすること。

　授業で制作した生徒の作品や鑑賞作品などを,ふだんから校内で鑑賞できるよう,適切な場所に展示し,いつでも作品に親しむことができる環境をつくることが望ましい。美術室における作品展示の仕方に創意工夫を図るとともに,それ以外の場所として,玄関ホールや廊下,階段,空き教室などの壁面を活用してミニギャラリーを設け,展示することなどが考えられる。加えて,作品の展示などについて,学校や生徒の実態に応じて,生徒自身による企画・運営を計画することや,校区にある幼稚園,保育所,小学校,高等学校などの児童生徒の作品,他の地域の生徒作品,諸外国の児童生徒の作品などの交流による校内展示を行うことも考えられる。
　また,地域で表現する場をつくることなどにより,学校と社会とをつないでいくことに取り組むことも重要である。特に美術科は,作品を介して教室内の人間関係だけにとどまらず,教職員や保護者,地域の人々などと連携ができる教科であり,身近なところから社会に関わる活動を進めていくことは,生徒の学びを深めていく上で効果的である。例えば,地域の施設やイベントなどに生徒作品を展示したり,

校区内の小学校と双方の作品を貸し借りするなどして展示し合ったりすることで，新たな交流が生まれ，より多くの人との鑑賞の活動が可能となる。

4
学校における
鑑賞の
環境づくり

付録

目次

- 付録1：学校教育法施行規則（抄）
- 付録2：中学校学習指導要領　第1章　総則
- 付録3：中学校学習指導要領　第2章　第6節　美術
- 付録4：教科の目標，各学年の目標及び内容の系統表（中学校美術科）
- 付録5：小学校学習指導要領　第2章　第7節　図画工作
- 付録6：教科の目標，各学年の目標及び内容の系統表（小学校図画工作科）
- 付録7：中学校学習指導要領　第3章　特別の教科　道徳
- 付録8：「道徳の内容」の学年段階・学校段階の一覧表

学校教育法施行規則（抄）

昭和二十二年五月二十三日文部省令第十一号
一部改正：平成二十九年三月三十一日文部科学省令第二十号

第四章　小学校

第二節　教育課程

第五十条　小学校の教育課程は，国語，社会，算数，理科，生活，音楽，図画工作，家庭，体育及び外国語の各教科（以下この節において「各教科」という。），特別の教科である道徳，外国語活動，総合的な学習の時間並びに特別活動によつて編成するものとする。

2　私立の小学校の教育課程を編成する場合は，前項の規定にかかわらず，宗教を加えることができる。この場合においては，宗教をもつて前項の特別の教科である道徳に代えることができる。

第五十四条　児童が心身の状況によつて履修することが困難な各教科は，その児童の心身の状況に適合するように課さなければならない。

第五十五条　小学校の教育課程に関し，その改善に資する研究を行うため特に必要があり，かつ，児童の教育上適切な配慮がなされていると文部科学大臣が認める場合においては，文部科学大臣が別に定めるところにより，第五十条第一項，第五十一条（中学校連携型小学校にあつては第五十二条の三，第七十九条の九第二項に規定する中学校併設型小学校にあつては第七十九条の十二において準用する第七十九条の五第一項）又は第五十二条の規定によらないことができる。

第五十五条の二　文部科学大臣が，小学校において，当該小学校又は当該小学校が設置されている地域の実態に照らし，より効果的な教育を実施するため，当該小学校又は当該地域の特色を生かした特別の教育課程を編成して教育を実施する必要があり，かつ，当該特別の教育課程について，教育基本法（平成十八年法律第百二十号）及び学校教育法第三十条第一項の規定等に照らして適切であり，児童の教育上適切な配慮がなされているものとして文部科学大臣が定める基準を満たしていると認める場合においては，文部科学大臣が別に定めるところにより，第五十条第一項，第五十一条（中学校連携型小学校にあつては第五十二条の三，第七十九条の九第二項に規定する中学校併設型小学校にあつては第七十九条の十二において準用する第七十九条の五第一項）又は第五十二条の規定の全部又は一部によらないことができる。

第五十六条　小学校において，学校生活への適応が困難であるため相当の期間小学校を欠席し引き続き欠席すると認められる児童を対象として，その実態に配慮した特別の教育課程を編成して教育を実施する必要があると文部科学大臣が認める場合においては，文部科学大臣が別に定めるところにより，第五十条第一項，第五十一条（中学校連携型小学校にあつては第五十二条の三，第七十九条の九第二項に規定する中学校併設型小学校にあつては第七十九条の十二において準用する第七十九条の五第一項）又は第五十二条の規定によら

ないことができる。

第五十六条の二　小学校において，日本語に通じない児童のうち，当該児童の日本語を理解し，使用する能力に応じた特別の指導を行う必要があるものを教育する場合には，文部科学大臣が別に定めるところにより，第五十条第一項，第五十一条（中学校連携型小学校にあつては第五十二条の三，第七十九条の九第二項に規定する中学校併設型小学校にあつては第七十九条の十二において準用する第七十九条の五第一項）及び第五十二条の規定にかかわらず，特別の教育課程によることができる。

第五十六条の三　前条の規定により特別の教育課程による場合においては，校長は，児童が設置者の定めるところにより他の小学校，義務教育学校の前期課程又は特別支援学校の小学部において受けた授業を，当該児童の在学する小学校において受けた当該特別の教育課程に係る授業とみなすことができる。

第五十六条の四　小学校において，学齢を経過した者のうち，その者の年齢，経験又は勤労の状況その他の実情に応じた特別の指導を行う必要があるものを夜間その他特別の時間において教育する場合には，文部科学大臣が別に定めるところにより，第五十条第一項，第五十一条（中学校連携型小学校にあつては第五十二条の三，第七十九条の九第二項に規定する中学校併設型小学校にあつては第七十九条の十二において準用する第七十九条の五第一項）及び第五十二条の規定にかかわらず，特別の教育課程によることができる。

第三節　学年及び授業日

第六十一条　公立小学校における休業日は，次のとおりとする。ただし，第三号に掲げる日を除き，当該学校を設置する地方公共団体の教育委員会（公立大学法人の設置する小学校にあつては，当該公立大学法人の理事長。第三号において同じ。）が必要と認める場合は，この限りでない。
　一　国民の祝日に関する法律（昭和二十三年法律第百七十八号）に規定する日
　二　日曜日及び土曜日
　三　学校教育法施行令第二十九条第一項の規定により教育委員会が定める日

第六十二条　私立小学校における学期及び休業日は，当該学校の学則で定める。

第五章　中学校

第七十二条　中学校の教育課程は，国語，社会，数学，理科，音楽，美術，保健体育，技術・家庭及び外国語の各教科（以下本章及び第七章中「各教科」という。），特別の教科である道徳，総合的な学習の時間並びに特別活動によつて編成するものとする。

第七十三条　中学校（併設型中学校，第七十四条の二第二項に規定する小学校連携型中学校，第七十五条第二項に規定する連携型中学校及び第七十九条の九第二項に規定する小学校

併設型中学校を除く。）の各学年における各教科，特別の教科である道徳，総合的な学習の時間及び特別活動のそれぞれの授業時数並びに各学年におけるこれらの総授業時数は，別表第二に定める授業時数を標準とする。

第七十四条　中学校の教育課程については，この章に定めるもののほか，教育課程の基準として文部科学大臣が別に公示する中学校学習指導要領によるものとする。

第七十九条　第四十一条から第四十九条まで，第五十条第二項，第五十四条から第六十八条までの規定は，中学校に準用する。この場合において，第四十二条中「五学級」とあるのは「二学級」と，第五十五条から第五十六条の二まで及び第五十六条の四の規定中「第五十条第一項」とあるのは「第七十二条」と，「第五十一条（中学校連携型小学校にあつては第五十二条の三，第七十九条の九第二項に規定する中学校併設型小学校にあつては第七十九条の十二において準用する第七十九条の五第一項）」とあるのは「第七十三条（併設型中学校にあつては第百十七条において準用する第百七条，小学校連携型中学校にあつては第七十四条の三，連携型中学校にあつては第七十六条，第七十九条の九第二項に規定する小学校併設型中学校にあつては第七十九条の十二において準用する第七十九条の五第二項）」と，「第五十二条」とあるのは「第七十四条」と，第五十五条の二中「第三十条第一項」とあるのは「第四十六条」と，第五十六条の三中「他の小学校，義務教育学校の前期課程又は特別支援学校の小学部」とあるのは「他の中学校，義務教育学校の後期課程，中等教育学校の前期課程又は特別支援学校の中学部」と読み替えるものとする。

第八章　特別支援教育

第百三十八条　小学校，中学校若しくは義務教育学校又は中等教育学校の前期課程における特別支援学級に係る教育課程については，特に必要がある場合は，第五十条第一項（第七十九条の六第一項において準用する場合を含む。），第五十一条，第五十二条（第七十九条の六第一項において準用する場合を含む。），第五十二条の三，第七十二条（第七十九条の六第二項及び第百八条第一項において準用する場合を含む。），第七十三条，第七十四条（第七十九条の六第二項及び第百八条第一項において準用する場合を含む。），第七十四条の三，第七十六条，第七十九条の五（第七十九条の十二において準用する場合を含む。）及び第百七条（第百十七条において準用する場合を含む。）の規定にかかわらず，特別の教育課程によることができる。

第百四十条　小学校，中学校若しくは義務教育学校又は中等教育学校の前期課程において，次の各号のいずれかに該当する児童又は生徒（特別支援学級の児童及び生徒を除く。）のうち当該障害に応じた特別の指導を行う必要があるものを教育する場合には，文部科学大臣が別に定めるところにより，第五十条第一項（第七十九条の六第一項において準用する場合を含む。），第五十一条，第五十二条（第七十九条の六第一項において準用する場合を含む。），第五十二条の三，第七十二条（第七十九条の六第二項及び第百八条第一項におい

て準用する場合を含む。),第七十三条,第七十四条(第七十九条の六第二項及び第百八条第一項において準用する場合を含む。),第七十四条の三,第七十六条,第七十九条の五(第七十九条の十二において準用する場合を含む。)及び第百七条(第百十七条において準用する場合を含む。)の規定にかかわらず,特別の教育課程によることができる。

一　言語障害者
二　自閉症者
三　情緒障害者
四　弱視者
五　難聴者
六　学習障害者
七　注意欠陥多動性障害者
八　その他障害のある者で,この条の規定により特別の教育課程による教育を行うことが適当なもの

第百四十一条　前条の規定により特別の教育課程による場合においては,校長は,児童又は生徒が,当該小学校,中学校,義務教育学校又は中等教育学校の設置者の定めるところにより他の小学校,中学校,義務教育学校,中等教育学校の前期課程又は特別支援学校の小学部若しくは中学部において受けた授業を,当該小学校,中学校若しくは義務教育学校又は中等教育学校の前期課程において受けた当該特別の教育課程に係る授業とみなすことができる。

附　則

この省令は,平成三十二年四月一日から施行する。

別表第二（第七十三条関係）

区　　　　分		第1学年	第2学年	第3学年
各教科の授業時数	国　　　語	140	140	105
	社　　　会	105	105	140
	数　　　学	140	105	140
	理　　　科	105	140	140
	音　　　楽	45	35	35
	美　　　術	45	35	35
	保 健 体 育	105	105	105
	技 術・家 庭	70	70	35
	外　国　語	140	140	140
特別の教科である道徳の授業時数		35	35	35
総合的な学習の時間の授業時数		50	70	70
特別活動の授業時数		35	35	35
総　授　業　時　数		1015	1015	1015

備考

一　この表の授業時数の一単位時間は，五十分とする。

二　特別活動の授業時数は，中学校学習指導要領で定める学級活動（学校給食に係るものを除く。）に充てるものとする。

付録1

中学校学習指導要領 第1章 総則

● 第1 中学校教育の基本と教育課程の役割

1 各学校においては，教育基本法及び学校教育法その他の法令並びにこの章以下に示すところに従い，生徒の人間として調和のとれた育成を目指し，生徒の心身の発達の段階や特性及び学校や地域の実態を十分考慮して，適切な教育課程を編成するものとし，これらに掲げる目標を達成するよう教育を行うものとする。

2 学校の教育活動を進めるに当たっては，各学校において，第3の1に示す主体的・対話的で深い学びの実現に向けた授業改善を通して，創意工夫を生かした特色ある教育活動を展開する中で，次の(1)から(3)までに掲げる事項の実現を図り，生徒に生きる力を育むことを目指すものとする。

(1) 基礎的・基本的な知識及び技能を確実に習得させ，これらを活用して課題を解決するために必要な思考力，判断力，表現力等を育むとともに，主体的に学習に取り組む態度を養い，個性を生かし多様な人々との協働を促す教育の充実に努めること。その際，生徒の発達の段階を考慮して，生徒の言語活動など，学習の基盤をつくる活動を充実するとともに，家庭との連携を図りながら，生徒の学習習慣が確立するよう配慮すること。

(2) 道徳教育や体験活動，多様な表現や鑑賞の活動等を通して，豊かな心や創造性の涵養を目指した教育の充実に努めること。

　学校における道徳教育は，特別の教科である道徳（以下「道徳科」という。）を要として学校の教育活動全体を通じて行うものであり，道徳科はもとより，各教科，総合的な学習の時間及び特別活動のそれぞれの特質に応じて，生徒の発達の段階を考慮して，適切な指導を行うこと。

　道徳教育は，教育基本法及び学校教育法に定められた教育の根本精神に基づき，人間としての生き方を考え，主体的な判断の下に行動し，自立した人間として他者と共によりよく生きるための基盤となる道徳性を養うことを目標とすること。

　道徳教育を進めるに当たっては，人間尊重の精神と生命に対する畏敬の念を家庭，学校，その他社会における具体的な生活の中に生かし，豊かな心をもち，伝統と文化を尊重し，それらを育んできた我が国と郷土を愛し，個性豊かな文化の創造を図るとともに，平和で民主的な国家及び社会の形成者として，公共の精神を尊び，社会及び国家の発展に努め，他国を尊重し，国際社会の平和と発展や環境の保全に貢献し未来を拓く主体性のある日本人の育成に資することとなるよう特に留意すること。

(3) 学校における体育・健康に関する指導を，生徒の発達の段階を考慮して，学校の教育活動全体を通じて適切に行うことにより，健康で安全な生活と豊かなスポーツライフの実現を目指した教育の充実に努めること。特に，学校における食育の推進並びに体力の向上に関する指導，安全に関する指導及び心身の健康の保持増進に関する指導については，保健体育科，技術・家庭科及び特別活動の時間はもとより，各教科，道徳科及び総合的な学習の時間などにおいてもそれぞれの特質に応じて適切に行うよう努めること。また，それらの指導を通して，家庭や地域社会との連携を図りながら，日常生活において適切な体育・健康に関する活動の実践を促し，生涯を通じて健康・安全で活力ある生活を送るための基礎が培われるよう配慮すること。

3 2の(1)から(3)までに掲げる事項の実現を図り，豊かな創造性を備え持続可能な社会の創り手となることが期待される生徒に，生きる力を育むことを目指すに当たっては，学校教育全体並びに各教科，道徳科，総合的な学習の時間及び特別活動（以下「各教科等」という。ただし，第2の3の(2)のア及びウにおいて，特別活動については学級活動（学校給食に係るものを除く。）に限る。）の指導を通してどのような資質・能力の育成を目指すのかを明確にしながら，教育活

動の充実を図るものとする。その際，生徒の発達の段階や特性等を踏まえつつ，次に掲げること が偏りなく実現できるようにするものとする。
(1) 知識及び技能が習得されるようにすること。
(2) 思考力，判断力，表現力等を育成すること。
(3) 学びに向かう力，人間性等を涵養すること。

4　各学校においては，生徒や学校，地域の実態を適切に把握し，教育の目的や目標の実現に必要な教育の内容等を教科等横断的な視点で組み立てていくこと，教育課程の実施状況を評価してその改善を図っていくこと，教育課程の実施に必要な人的又は物的な体制を確保するとともにその改善を図っていくことなどを通して，教育課程に基づき組織的かつ計画的に各学校の教育活動の質の向上を図っていくこと（以下「カリキュラム・マネジメント」という。）に努めるものとする。

● 第2　教育課程の編成

1　各学校の教育目標と教育課程の編成
　　教育課程の編成に当たっては，学校教育全体や各教科等における指導を通して育成を目指す資質・能力を踏まえつつ，各学校の教育目標を明確にするとともに，教育課程の編成についての基本的な方針が家庭や地域とも共有されるよう努めるものとする。その際，第4章総合的な学習の時間の第2の1に基づき定められる目標との関連を図るものとする。

2　教科等横断的な視点に立った資質・能力の育成
(1) 各学校においては，生徒の発達の段階を考慮し，言語能力，情報活用能力（情報モラルを含む。），問題発見・解決能力等の学習の基盤となる資質・能力を育成していくことができるよう，各教科等の特質を生かし，教科等横断的な視点から教育課程の編成を図るものとする。
(2) 各学校においては，生徒や学校，地域の実態及び生徒の発達の段階を考慮し，豊かな人生の実現や災害等を乗り越えて次代の社会を形成することに向けた現代的な諸課題に対応して求められる資質・能力を，教科等横断的な視点で育成していくことができるよう，各学校の特色を生かした教育課程の編成を図るものとする。

3　教育課程の編成における共通的事項
(1) 内容等の取扱い
　ア　第2章以下に示す各教科，道徳科及び特別活動の内容に関する事項は，特に示す場合を除き，いずれの学校においても取り扱わなければならない。
　イ　学校において特に必要がある場合には，第2章以下に示していない内容を加えて指導することができる。また，第2章以下に示す内容の取扱いのうち内容の範囲や程度等を示す事項は，全ての生徒に対して指導するものとする内容の範囲や程度等を示したものであり，学校において特に必要がある場合には，この事項にかかわらず加えて指導することができる。ただし，これらの場合には，第2章以下に示す各教科，道徳科及び特別活動の目標や内容の趣旨を逸脱したり，生徒の負担過重となったりすることのないようにしなければならない。
　ウ　第2章以下に示す各教科，道徳科及び特別活動の内容に掲げる事項の順序は，特に示す場合を除き，指導の順序を示すものではないので，学校においては，その取扱いについて適切な工夫を加えるものとする。
　エ　学校において2以上の学年の生徒で編制する学級について特に必要がある場合には，各教科の目標の達成に支障のない範囲内で，各教科の目標及び内容について学年別の順序によらないことができる。
　オ　各学校においては，生徒や学校，地域の実態を考慮して，生徒の特性等に応じた多様な学習活動が行えるよう，第2章に示す各教科や，特に必要な教科を，選択教科として開設し生

徒に履修させることができる。その場合にあっては，全ての生徒に指導すべき内容との関連を図りつつ，選択教科の授業時数及び内容を適切に定め選択教科の指導計画を作成し，生徒の負担過重となることのないようにしなければならない。また，特に必要な教科の名称，目標，内容などについては，各学校が適切に定めるものとする。

　カ　道徳科を要として学校の教育活動全体を通じて行う道徳教育の内容は，第3章特別の教科道徳の第2に示す内容とし，その実施に当たっては，第6に示す道徳教育に関する配慮事項を踏まえるものとする。

(2) 授業時数等の取扱い

　ア　各教科等の授業は，年間35週以上にわたって行うよう計画し，週当たりの授業時数が生徒の負担過重にならないようにするものとする。ただし，各教科等や学習活動の特質に応じ効果的な場合には，夏季，冬季，学年末等の休業日の期間に授業日を設定する場合を含め，これらの授業を特定の期間に行うことができる。

　イ　特別活動の授業のうち，生徒会活動及び学校行事については，それらの内容に応じ，年間，学期ごと，月ごとなどに適切な授業時数を充てるものとする。

　ウ　各学校の時間割については，次の事項を踏まえ適切に編成するものとする。

　　(ア)　各教科等のそれぞれの授業の1単位時間は，各学校において，各教科等の年間授業時数を確保しつつ，生徒の発達の段階及び各教科等や学習活動の特質を考慮して適切に定めること。

　　(イ)　各教科等の特質に応じ，10分から15分程度の短い時間を活用して特定の教科等の指導を行う場合において，当該教科等を担当する教師が，単元や題材など内容や時間のまとまりを見通した中で，その指導内容の決定や指導の成果の把握と活用等を責任をもって行う体制が整備されているときは，その時間を当該教科等の年間授業時数に含めることができること。

　　(ウ)　給食，休憩などの時間については，各学校において工夫を加え，適切に定めること。

　　(エ)　各学校において，生徒や学校，地域の実態，各教科等や学習活動の特質等に応じて，創意工夫を生かした時間割を弾力的に編成できること。

　エ　総合的な学習の時間における学習活動により，特別活動の学校行事に掲げる各行事の実施と同様の成果が期待できる場合においては，総合的な学習の時間における学習活動をもって相当する特別活動の学校行事に掲げる各行事の実施に替えることができる。

(3) 指導計画の作成等に当たっての配慮事項

　各学校においては，次の事項に配慮しながら，学校の創意工夫を生かし，全体として，調和のとれた具体的な指導計画を作成するものとする。

　ア　各教科等の指導内容については，(1)のアを踏まえつつ，単元や題材など内容や時間のまとまりを見通しながら，そのまとめ方や重点の置き方に適切な工夫を加え，第3の1に示す主体的・対話的で深い学びの実現に向けた授業改善を通して資質・能力を育む効果的な指導ができるようにすること。

　イ　各教科等及び各学年相互間の関連を図り，系統的，発展的な指導ができるようにすること。

4　学校段階間の接続

　教育課程の編成に当たっては，次の事項に配慮しながら，学校段階間の接続を図るものとする。

(1) 小学校学習指導要領を踏まえ，小学校教育までの学習の成果が中学校教育に円滑に接続され，義務教育段階の終わりまでに育成することを目指す資質・能力を，生徒が確実に身に付けることができるよう工夫すること。特に，義務教育学校，小学校連携型中学校及び小学校併設型中学校においては，義務教育9年間を見通した計画的かつ継続的な教育課程を編成すること。

(2) 高等学校学習指導要領を踏まえ，高等学校教育及びその後の教育との円滑な接続が図られる

よう工夫すること。特に，中等教育学校，連携型中学校及び併設型中学校においては，中等教育6年間を見通した計画的かつ継続的な教育課程を編成すること。

第3　教育課程の実施と学習評価

1　主体的・対話的で深い学びの実現に向けた授業改善
　各教科等の指導に当たっては，次の事項に配慮するものとする。
 (1) 第1の3の(1)から(3)までに示すことが偏りなく実現されるよう，単元や題材など内容や時間のまとまりを見通しながら，生徒の主体的・対話的で深い学びの実現に向けた授業改善を行うこと。
　　特に，各教科等において身に付けた知識及び技能を活用したり，思考力，判断力，表現力等や学びに向かう力，人間性等を発揮させたりして，学習の対象となる物事を捉え思考することにより，各教科等の特質に応じた物事を捉える視点や考え方（以下「見方・考え方」という。）が鍛えられていくことに留意し，生徒が各教科等の特質に応じた見方・考え方を働かせながら，知識を相互に関連付けてより深く理解したり，情報を精査して考えを形成したり，問題を見いだして解決策を考えたり，思いや考えを基に創造したりすることに向かう過程を重視した学習の充実を図ること。
 (2) 第2の2の(1)に示す言語能力の育成を図るため，各学校において必要な言語環境を整えるとともに，国語科を要としつつ各教科等の特質に応じて，生徒の言語活動を充実すること。あわせて，(7)に示すとおり読書活動を充実すること。
 (3) 第2の2の(1)に示す情報活用能力の育成を図るため，各学校において，コンピュータや情報通信ネットワークなどの情報手段を活用するために必要な環境を整え，これらを適切に活用した学習活動の充実を図ること。また，各種の統計資料や新聞，視聴覚教材や教育機器などの教材・教具の適切な活用を図ること。
 (4) 生徒が学習の見通しを立てたり学習したことを振り返ったりする活動を，計画的に取り入れるように工夫すること。
 (5) 生徒が生命の有限性や自然の大切さ，主体的に挑戦してみることや多様な他者と協働することの重要性などを実感しながら理解することができるよう，各教科等の特質に応じた体験活動を重視し，家庭や地域社会と連携しつつ体系的・継続的に実施できるよう工夫すること。
 (6) 生徒が自ら学習課題や学習活動を選択する機会を設けるなど，生徒の興味・関心を生かした自主的，自発的な学習が促されるよう工夫すること。
 (7) 学校図書館を計画的に利用しその機能の活用を図り，生徒の主体的・対話的で深い学びの実現に向けた授業改善に生かすとともに，生徒の自主的，自発的な学習活動や読書活動を充実すること。また，地域の図書館や博物館，美術館，劇場，音楽堂等の施設の活用を積極的に図り，資料を活用した情報の収集や鑑賞等の学習活動を充実すること。
2　学習評価の充実
　学習評価の実施に当たっては，次の事項に配慮するものとする。
 (1) 生徒のよい点や進歩の状況などを積極的に評価し，学習したことの意義や価値を実感できるようにすること。また，各教科等の目標の実現に向けた学習状況を把握する観点から，単元や題材など内容や時間のまとまりを見通しながら評価の場面や方法を工夫して，学習の過程や成果を評価し，指導の改善や学習意欲の向上を図り，資質・能力の育成に生かすようにすること。
 (2) 創意工夫の中で学習評価の妥当性や信頼性が高められるよう，組織的かつ計画的な取組を推進するとともに，学年や学校段階を越えて生徒の学習の成果が円滑に接続されるように工夫すること。

第4 生徒の発達の支援

1 生徒の発達を支える指導の充実
  教育課程の編成及び実施に当たっては，次の事項に配慮するものとする。
 (1) 学習や生活の基盤として，教師と生徒との信頼関係及び生徒相互のよりよい人間関係を育てるため，日頃から学級経営の充実を図ること。また，主に集団の場面で必要な指導や援助を行うガイダンスと，個々の生徒の多様な実態を踏まえ，一人一人が抱える課題に個別に対応した指導を行うカウンセリングの双方により，生徒の発達を支援すること。
 (2) 生徒が，自己の存在感を実感しながら，よりよい人間関係を形成し，有意義で充実した学校生活を送る中で，現在及び将来における自己実現を図っていくことができるよう，生徒理解を深め，学習指導と関連付けながら，生徒指導の充実を図ること。
 (3) 生徒が，学ぶことと自己の将来とのつながりを見通しながら，社会的・職業的自立に向けて必要な基盤となる資質・能力を身に付けていくことができるよう，特別活動を要としつつ各教科等の特質に応じて，キャリア教育の充実を図ること。その中で，生徒が自らの生き方を考え主体的に進路を選択することができるよう，学校の教育活動全体を通じ，組織的かつ計画的な進路指導を行うこと。
 (4) 生徒が，基礎的・基本的な知識及び技能の習得も含め，学習内容を確実に身に付けることができるよう，生徒や学校の実態に応じ，個別学習やグループ別学習，繰り返し学習，学習内容の習熟の程度に応じた学習，生徒の興味・関心等に応じた課題学習，補充的な学習や発展的な学習などの学習活動を取り入れることや，教師間の協力による指導体制を確保することなど，指導方法や指導体制の工夫改善により，個に応じた指導の充実を図ること。その際，第3の1の(3)に示す情報手段や教材・教具の活用を図ること。
2 特別な配慮を必要とする生徒への指導
 (1) 障害のある生徒などへの指導
  ア 障害のある生徒などについては，特別支援学校等の助言又は援助を活用しつつ，個々の生徒の障害の状態等に応じた指導内容や指導方法の工夫を組織的かつ計画的に行うものとする。
  イ 特別支援学級において実施する特別の教育課程については，次のとおり編成するものとする。
   (ｱ) 障害による学習上又は生活上の困難を克服し自立を図るため，特別支援学校小学部・中学部学習指導要領第7章に示す自立活動を取り入れること。
   (ｲ) 生徒の障害の程度や学級の実態等を考慮の上，各教科の目標や内容を下学年の教科の目標や内容に替えたり，各教科を，知的障害者である生徒に対する教育を行う特別支援学校の各教科に替えたりするなどして，実態に応じた教育課程を編成すること。
  ウ 障害のある生徒に対して，通級による指導を行い，特別の教育課程を編成する場合には，特別支援学校小学部・中学部学習指導要領第7章に示す自立活動の内容を参考とし，具体的な目標や内容を定め，指導を行うものとする。その際，効果的な指導が行われるよう，各教科等と通級による指導との関連を図るなど，教師間の連携に努めるものとする。
  エ 障害のある生徒などについては，家庭，地域及び医療や福祉，保健，労働等の業務を行う関係機関との連携を図り，長期的な視点で生徒への教育的支援を行うために，個別の教育支援計画を作成し活用することに努めるとともに，各教科等の指導に当たって，個々の生徒の実態を的確に把握し，個別の指導計画を作成し活用することに努めるものとする。特に，特別支援学級に在籍する生徒や通級による指導を受ける生徒については，個々の生徒の実態を

的確に把握し，個別の教育支援計画や個別の指導計画を作成し，効果的に活用するものとする。
　(2) 海外から帰国した生徒などの学校生活への適応や，日本語の習得に困難のある生徒に対する日本語指導
　　ア　海外から帰国した生徒などについては，学校生活への適応を図るとともに，外国における生活経験を生かすなどの適切な指導を行うものとする。
　　イ　日本語の習得に困難のある生徒については，個々の生徒の実態に応じた指導内容や指導方法の工夫を組織的かつ計画的に行うものとする。特に，通級による日本語指導については，教師間の連携に努め，指導についての計画を個別に作成することなどにより，効果的な指導に努めるものとする。
　(3) 不登校生徒への配慮
　　ア　不登校生徒については，保護者や関係機関と連携を図り，心理や福祉の専門家の助言又は援助を得ながら，社会的自立を目指す観点から，個々の生徒の実態に応じた情報の提供その他の必要な支援を行うものとする。
　　イ　相当の期間中学校を欠席し引き続き欠席すると認められる生徒を対象として，文部科学大臣が認める特別の教育課程を編成する場合には，生徒の実態に配慮した教育課程を編成するとともに，個別学習やグループ別学習など指導方法や指導体制の工夫改善に努めるものとする。
　(4) 学齢を経過した者への配慮
　　ア　夜間その他の特別の時間に授業を行う課程において学齢を経過した者を対象として特別の教育課程を編成する場合には，学齢を経過した者の年齢，経験又は勤労状況その他の実情を踏まえ，中学校教育の目的及び目標並びに第2章以下に示す各教科等の目標に照らして，中学校教育を通じて育成を目指す資質・能力を身に付けることができるようにするものとする。
　　イ　学齢を経過した者を教育する場合には，個別学習やグループ別学習など指導方法や指導体制の工夫改善に努めるものとする。

● 第5　学校運営上の留意事項

　1　教育課程の改善と学校評価，教育課程外の活動との連携等
　　ア　各学校においては，校長の方針の下に，校務分掌に基づき教職員が適切に役割を分担しつつ，相互に連携しながら，各学校の特色を生かしたカリキュラム・マネジメントを行うよう努めるものとする。また，各学校が行う学校評価については，教育課程の編成，実施，改善が教育活動や学校運営の中核となることを踏まえ，カリキュラム・マネジメントと関連付けながら実施するよう留意するものとする。
　　イ　教育課程の編成及び実施に当たっては，学校保健計画，学校安全計画，食に関する指導の全体計画，いじめの防止等のための対策に関する基本的な方針など，各分野における学校の全体計画等と関連付けながら，効果的な指導が行われるように留意するものとする。
　　ウ　教育課程外の学校教育活動と教育課程の関連が図られるように留意するものとする。特に，生徒の自主的，自発的な参加により行われる部活動については，スポーツや文化，科学等に親しませ，学習意欲の向上や責任感，連帯感の涵養等，学校教育が目指す資質・能力の育成に資するものであり，学校教育の一環として，教育課程との関連が図られるよう留意すること。その際，学校や地域の実態に応じ，地域の人々の協力，社会教育施設や社会教育関係団体等の各種団体との連携などの運営上の工夫を行い，持続可能な運営体制が整えられるようにするものとする。

2　家庭や地域社会との連携及び協働と学校間の連携

教育課程の編成及び実施に当たっては，次の事項に配慮するものとする。

　ア　学校がその目的を達成するため，学校や地域の実態等に応じ，教育活動の実施に必要な人的又は物的な体制を家庭や地域の人々の協力を得ながら整えるなど，家庭や地域社会との連携及び協働を深めること。また，高齢者や異年齢の子供など，地域における世代を越えた交流の機会を設けること。

　イ　他の中学校や，幼稚園，認定こども園，保育所，小学校，高等学校，特別支援学校などとの間の連携や交流を図るとともに，障害のある幼児児童生徒との交流及び共同学習の機会を設け，共に尊重し合いながら協働して生活していく態度を育むようにすること。

● 第6　道徳教育に関する配慮事項

道徳教育を進めるに当たっては，道徳教育の特質を踏まえ，前項までに示す事項に加え，次の事項に配慮するものとする。

1　各学校においては，第1の2の(2)に示す道徳教育の目標を踏まえ，道徳教育の全体計画を作成し，校長の方針の下に，道徳教育の推進を主に担当する教師（以下「道徳教育推進教師」という。）を中心に，全教師が協力して道徳教育を展開すること。なお，道徳教育の全体計画の作成に当たっては，生徒や学校，地域の実態を考慮して，学校の道徳教育の重点目標を設定するとともに，道徳科の指導方針，第3章特別の教科道徳の第2に示す内容との関連を踏まえた各教科，総合的な学習の時間及び特別活動における指導の内容及び時期並びに家庭や地域社会との連携の方法を示すこと。

2　各学校においては，生徒の発達の段階や特性等を踏まえ，指導内容の重点化を図ること。その際，小学校における道徳教育の指導内容を更に発展させ，自立心や自律性を高め，規律ある生活をすること，生命を尊重する心や自らの弱さを克服して気高く生きようとする心を育てること，法やきまりの意義に関する理解を深めること，自らの将来の生き方を考え主体的に社会の形成に参画する意欲と態度を養うこと，伝統と文化を尊重し，それらを育んできた我が国と郷土を愛するとともに，他国を尊重すること，国際社会に生きる日本人としての自覚を身に付けることに留意すること。

3　学校や学級内の人間関係や環境を整えるとともに，職場体験活動やボランティア活動，自然体験活動，地域の行事への参加などの豊かな体験を充実すること。また，道徳教育の指導内容が，生徒の日常生活に生かされるようにすること。その際，いじめの防止や安全の確保等にも資することとなるよう留意すること。

4　学校の道徳教育の全体計画や道徳教育に関する諸活動などの情報を積極的に公表したり，道徳教育の充実のために家庭や地域の人々の積極的な参加や協力を得たりするなど，家庭や地域社会との共通理解を深め，相互の連携を図ること。

中学校学習指導要領　第2章　第6節　美術

● 第1　目標

表現及び鑑賞の幅広い活動を通して，造形的な見方・考え方を働かせ，生活や社会の中の美術や美術文化と豊かに関わる資質・能力を次のとおり育成することを目指す。

(1) 対象や事象を捉える造形的な視点について理解するとともに，表現方法を創意工夫し，創造的に表すことができるようにする。

(2) 造形的なよさや美しさ，表現の意図と工夫，美術の働きなどについて考え，主題を生み出し豊かに発想し構想を練ったり，美術や美術文化に対する見方や感じ方を深めたりすることができるようにする。

(3) 美術の創造活動の喜びを味わい，美術を愛好する心情を育み，感性を豊かにし，心豊かな生活を創造していく態度を養い，豊かな情操を培う。

● 第2　各学年の目標及び内容

〔第1学年〕

1　目　標

(1) 対象や事象を捉える造形的な視点について理解するとともに，意図に応じて表現方法を工夫して表すことができるようにする。

(2) 自然の造形や美術作品などの造形的なよさや美しさ，表現の意図と工夫，機能性と美しさとの調和，美術の働きなどについて考え，主題を生み出し豊かに発想し構想を練ったり，美術や美術文化に対する見方や感じ方を広げたりすることができるようにする。

(3) 楽しく美術の活動に取り組み創造活動の喜びを味わい，美術を愛好する心情を培い，心豊かな生活を創造していく態度を養う。

2　内　容

A　表　現

(1) 表現の活動を通して，次のとおり発想や構想に関する資質・能力を育成する。

　ア　感じ取ったことや考えたことなどを基に，絵や彫刻などに表現する活動を通して，発想や構想に関する次の事項を身に付けることができるよう指導する。

　　(ア)　対象や事象を見つめ感じ取った形や色彩の特徴や美しさ，想像したことなどを基に主題を生み出し，全体と部分との関係などを考え，創造的な構成を工夫し，心豊かに表現する構想を練ること。

　イ　伝える，使うなどの目的や機能を考え，デザインや工芸などに表現する活動を通して，発想や構想に関する次の事項を身に付けることができるよう指導する。

　　(ア)　構成や装飾の目的や条件などを基に，対象の特徴や用いる場面などから主題を生み出し，美的感覚を働かせて調和のとれた美しさなどを考え，表現の構想を練ること。

　　(イ)　伝える目的や条件などを基に，伝える相手や内容などから主題を生み出し，分かりやすさと美しさなどとの調和を考え，表現の構想を練ること。

　　(ウ)　使う目的や条件などを基に，使用する者の気持ち，材料などから主題を生み出し，使いやすさや機能と美しさなどとの調和を考え，表現の構想を練ること。

(2) 表現の活動を通して，次のとおり技能に関する資質・能力を育成する。

　ア　発想や構想をしたことなどを基に，表現する活動を通して，技能に関する次の事項を身に

付けることができるよう指導する。
　　(ｱ)　材料や用具の生かし方などを身に付け，意図に応じて工夫して表すこと。
　　(ｲ)　材料や用具の特性などから制作の順序などを考えながら，見通しをもって表すこと。
B　鑑　賞
(1)　鑑賞の活動を通して，次のとおり鑑賞に関する資質・能力を育成する。
　ア　美術作品などの見方や感じ方を広げる活動を通して，鑑賞に関する次の事項を身に付けることができるよう指導する。
　　(ｱ)　造形的なよさや美しさを感じ取り，作者の心情や表現の意図と工夫などについて考えるなどして，見方や感じ方を広げること。
　　(ｲ)　目的や機能との調和のとれた美しさなどを感じ取り，作者の心情や表現の意図と工夫などについて考えるなどして，見方や感じ方を広げること。
　イ　生活の中の美術の働きや美術文化についての見方や感じ方を広げる活動を通して，鑑賞に関する次の事項を身に付けることができるよう指導する。
　　(ｱ)　身の回りにある自然物や人工物の形や色彩，材料などの造形的な美しさなどを感じ取り，生活を美しく豊かにする美術の働きについて考えるなどして，見方や感じ方を広げること。
　　(ｲ)　身近な地域や日本及び諸外国の文化遺産などのよさや美しさなどを感じ取り，美術文化について考えるなどして，見方や感じ方を広げること。

〔共通事項〕
(1)　「A表現」及び「B鑑賞」の指導を通して，次の事項を身に付けることができるよう指導する。
　ア　形や色彩，材料，光などの性質や，それらが感情にもたらす効果などを理解すること。
　イ　造形的な特徴などを基に，全体のイメージや作風などで捉えることを理解すること。

3　内容の取扱い
(1)　第1学年では，内容に示す各事項の定着を図ることを基本とし，一年間で全ての内容が学習できるように一題材に充てる時間数などについて十分検討すること。
(2)　「A表現」及び「B鑑賞」の指導に当たっては，発想や構想に関する資質・能力や鑑賞に関する資質・能力を育成する観点から，〔共通事項〕に示す事項を視点に，アイデアスケッチで構想を練ったり，言葉で考えを整理したりすることや，作品などについて説明し合うなどして対象の見方や感じ方を広げるなどの言語活動の充実を図ること。

〔第2学年及び第3学年〕
1　目　標
(1)　対象や事象を捉える造形的な視点について理解するとともに，意図に応じて自分の表現方法を追求し，創造的に表すことができるようにする。
(2)　自然の造形や美術作品などの造形的なよさや美しさ，表現の意図と創造的な工夫，機能性と洗練された美しさとの調和，美術の働きなどについて独創的・総合的に考え，主題を生み出し豊かに発想し構想を練ったり，美術や美術文化に対する見方や感じ方を深めたりすることができるようにする。
(3)　主体的に美術の活動に取り組み創造活動の喜びを味わい，美術を愛好する心情を深め，心豊かな生活を創造していく態度を養う。

2　内　容
A　表　現
(1)　表現の活動を通して，次のとおり発想や構想に関する資質・能力を育成する。
　ア　感じ取ったことや考えたことなどを基に，絵や彫刻などに表現する活動を通して，発想や構想に関する次の事項を身に付けることができるよう指導する。

(ｱ) 対象や事象を深く見つめ感じ取ったことや考えたこと，夢，想像や感情などの心の世界などを基に主題を生み出し，単純化や省略，強調，材料の組合せなどを考え，創造的な構成を工夫し，心豊かに表現する構想を練ること。
イ 伝える，使うなどの目的や機能を考え，デザインや工芸などに表現する活動を通して，発想や構想に関する次の事項を身に付けることができるよう指導する。
(ｱ) 構成や装飾の目的や条件などを基に，用いる場面や環境，社会との関わりなどから主題を生み出し，美的感覚を働かせて調和のとれた洗練された美しさなどを総合的に考え，表現の構想を練ること。
(ｲ) 伝える目的や条件などを基に，伝える相手や内容，社会との関わりなどから主題を生み出し，伝達の効果と美しさなどとの調和を総合的に考え，表現の構想を練ること。
(ｳ) 使う目的や条件などを基に，使用する者の立場，社会との関わり，機知やユーモアなどから主題を生み出し，使いやすさや機能と美しさなどとの調和を総合的に考え，表現の構想を練ること。
(2) 表現の活動を通して，次のとおり技能に関する資質・能力を育成する。
ア 発想や構想をしたことなどを基に，表現する活動を通して，技能に関する次の事項を身に付けることができるよう指導する。
(ｱ) 材料や用具の特性を生かし，意図に応じて自分の表現方法を追求して創造的に表すこと。
(ｲ) 材料や用具，表現方法の特性などから制作の順序などを総合的に考えながら，見通しをもって表すこと。
B 鑑賞
(1) 鑑賞の活動を通して，次のとおり鑑賞に関する資質・能力を育成する。
ア 美術作品などの見方や感じ方を深める活動を通して，鑑賞に関する次の事項を身に付けることができるよう指導する。
(ｱ) 造形的なよさや美しさを感じ取り，作者の心情や表現の意図と創造的な工夫などについて考えるなどして，美意識を高め，見方や感じ方を深めること。
(ｲ) 目的や機能との調和のとれた洗練された美しさなどを感じ取り，作者の心情や表現の意図と創造的な工夫などについて考えるなどして，美意識を高め，見方や感じ方を深めること。
イ 生活や社会の中の美術の働きや美術文化についての見方や感じ方を深める活動を通して，鑑賞に関する次の事項を身に付けることができるよう指導する。
(ｱ) 身近な環境の中に見られる造形的な美しさなどを感じ取り，安らぎや自然との共生などの視点から生活や社会を美しく豊かにする美術の働きについて考えるなどして，見方や感じ方を深めること。
(ｲ) 日本の美術作品や受け継がれてきた表現の特質などから，伝統や文化のよさや美しさを感じ取り愛情を深めるとともに，諸外国の美術や文化との相違点や共通点に気付き，美術を通した国際理解や美術文化の継承と創造について考えるなどして，見方や感じ方を深めること。

〔共通事項〕
(1) 「A表現」及び「B鑑賞」の指導を通して，次の事項を身に付けることができるよう指導する。
ア 形や色彩，材料，光などの性質や，それらが感情にもたらす効果などを理解すること。
イ 造形的な特徴などを基に，全体のイメージや作風などで捉えることを理解すること。

3 内容の取扱い
(1) 第2学年及び第3学年では，第1学年において身に付けた資質・能力を柔軟に活用して，表現及び鑑賞に関する資質・能力をより豊かに高めることを基本とし，第2学年と第3学年の発

達の特性を考慮して内容の選択や一題材に充てる時間数などについて十分検討すること。
(2) 「A表現」及び「B鑑賞」の指導に当たっては，発想や構想に関する資質・能力や鑑賞に関する資質・能力を育成する観点から，〔共通事項〕に示す事項を視点に，アイデアスケッチで構想を練ったり，言葉で考えを整理したりすることや，作品などに対する自分の価値意識をもって批評し合うなどして対象の見方や感じ方を深めるなどの言語活動の充実を図ること。
(3) 「B鑑賞」のイの(イ)の指導に当たっては，日本の美術の概括的な変遷などを捉えることを通して，各時代における作品の特質，人々の感じ方や考え方，願いなどを感じ取ることができるよう配慮すること。

● 第3　指導計画の作成と内容の取扱い

1　指導計画の作成に当たっては，次の事項に配慮するものとする。
(1) 題材など内容や時間のまとまりを見通して，その中で育む資質・能力の育成に向けて，生徒の主体的・対話的で深い学びの実現を図るようにすること。その際，造形的な見方・考え方を働かせ，表現及び鑑賞に関する資質・能力を相互に関連させた学習の充実を図ること。
(2) 第2の各学年の内容の「A表現」及び「B鑑賞」の指導については相互に関連を図り，特に発想や構想に関する資質・能力と鑑賞に関する資質・能力とを総合的に働かせて学習が深められるようにすること。
(3) 第2の各学年の内容の〔共通事項〕は，表現及び鑑賞の学習において共通に必要となる資質・能力であり，「A表現」及び「B鑑賞」の指導と併せて，十分な指導が行われるよう工夫すること。
(4) 第2の各学年の内容の「A表現」については，(1)のア及びイと，(2)は原則として関連付けて行い，(1)のア及びイそれぞれにおいて描く活動とつくる活動のいずれも経験させるようにすること。その際，第2学年及び第3学年の各学年においては，(1)のア及びイそれぞれにおいて，描く活動とつくる活動のいずれかを選択して扱うことができることとし，2学年間を通して描く活動とつくる活動が調和的に行えるようにすること。
(5) 第2の内容の「B鑑賞」の指導については，各学年とも，各事項において育成を目指す資質・能力の定着が図られるよう，適切かつ十分な授業時数を確保すること。
(6) 障害のある生徒などについては，学習活動を行う場合に生じる困難さに応じた指導内容や指導方法の工夫を計画的，組織的に行うこと。
(7) 第1章総則の第1の2の(2)に示す道徳教育の目標に基づき，道徳科などとの関連を考慮しながら，第3章特別の教科道徳の第2に示す内容について，美術科の特質に応じて適切な指導をすること。
2　第2の内容の取扱いについては，次の事項に配慮するものとする。
(1) 〔共通事項〕の指導に当たっては，生徒が造形を豊かに捉える多様な視点をもてるように，以下の内容について配慮すること。
　ア　〔共通事項〕のアの指導に当たっては，造形の要素などに着目して，次の事項を実感的に理解できるようにすること。
　　(ア) 色彩の色味や明るさ，鮮やかさを捉えること。
　　(イ) 材料の性質や質感を捉えること。
　　(ウ) 形や色彩，材料，光などから感じる優しさや楽しさ，寂しさなどを捉えること。
　　(エ) 形や色彩などの組合せによる構成の美しさを捉えること。
　　(オ) 余白や空間の効果，立体感や遠近感，量感や動勢などを捉えること。
　イ　〔共通事項〕のイの指導に当たっては，全体のイメージや作風などに着目して，次の事項を実感的に理解できるようにすること。

(ア) 造形的な特徴などを基に，見立てたり，心情などと関連付けたりして全体のイメージで捉えること。

(イ) 造形的な特徴などを基に，作風や様式などの文化的な視点で捉えること。

(2) 各学年の「A表現」の指導に当たっては，主題を生み出すことから表現の確認及び完成に至る全過程を通して，生徒が夢と目標をもち，自分のよさを発見し喜びをもって自己実現を果たしていく態度の形成を図るようにすること。

(3) 各学年の「A表現」の指導に当たっては，生徒の学習経験や資質・能力，発達の特性等の実態を踏まえ，生徒が自分の表現意図に合う表現形式や技法，材料などを選択し創意工夫して表現できるように，次の事項に配慮すること。

　ア　見る力や感じ取る力，考える力，描く力などを育成するために，スケッチの学習を効果的に取り入れるようにすること。

　イ　美術の表現の可能性を広げるために，写真・ビデオ・コンピュータ等の映像メディアの積極的な活用を図るようにすること。

　ウ　日本及び諸外国の作品の独特な表現形式，漫画やイラストレーション，図などの多様な表現方法を活用できるようにすること。

　エ　表現の材料や題材などについては，地域の身近なものや伝統的なものも取り上げるようにすること。

(4) 各活動において，互いのよさや個性などを認め尊重し合うようにすること。

(5) 互いの個性を生かし合い協力して創造する喜びを味わわせるため，適切な機会を選び共同で行う創造活動を経験させること。

(6) 各学年の「B鑑賞」の題材については，国内外の児童生徒の作品，我が国を含むアジアの文化遺産についても取り上げるとともに，美術館や博物館等と連携を図ったり，それらの施設や文化財などを積極的に活用したりするようにすること。

(7) 創造することの価値を捉え，自己や他者の作品などに表れている創造性を尊重する態度の形成を図るとともに，必要に応じて，美術に関する知的財産権や肖像権などについて触れるようにすること。また，こうした態度の形成が，美術文化の継承，発展，創造を支えていることへの理解につながるよう配慮すること。

3　事故防止のため，特に，刃物類，塗料，器具などの使い方の指導と保管，活動場所における安全指導などを徹底するものとする。

4　学校における鑑賞のための環境づくりをするに当たっては，次の事項に配慮するものとする。

(1) 生徒が造形的な視点を豊かにもつことができるよう，生徒や学校の実態に応じて，学校図書館等における鑑賞用図書，映像資料等の活用を図ること。

(2) 生徒が鑑賞に親しむことができるよう，校内の適切な場所に鑑賞作品などを展示するとともに，学校や地域の実態に応じて，校外においても生徒作品などの展示の機会を設けるなどすること。

教科の目標，各学年の目標及び内容の系統表（中学校美術科）

教科の目標，各学年の目標及び内容と各学年の内容の取扱い

第1目標			表現及び鑑賞の幅広い活動を通して，造形的な見方・考え方を働かせ，生活や社会の中の美術
		「知識及び技能」	(1) 対象や事象を捉える造形的な視点について理解するとともに，表現方法を創意工夫し，創
		「思考力，判断力，表現力等」	(2) 造形的なよさや美しさ，表現の意図と工夫，美術の働きなどについて考え，主題を生み出
		「学びに向かう力，人間性等」	(3) 美術の創造活動の喜びを味わい，美術を愛好する心情を育み，感性を豊かにし，心豊かな
第2 各学年の目標及び内容	1 目標		〔第1学年〕
		「知識及び技能」	(1) 対象や事象を捉える造形的な視点について理解するとともに，意図に応じて表現方法を工夫して表すことができるようにする。
		「思考力，判断力，表現力等」	(2) 自然の造形や美術作品などの造形的なよさや美しさ，表現の意図と工夫，機能性と美しさとの調和，美術の働きなどについて考え，主題を生み出し豊かに発想し構想を練ったり，美術や美術文化に対する見方や感じ方を広げたりすることができるようにする。
		「学びに向かう力，人間性等」	(3) 楽しく美術の活動に取り組み創造活動の喜びを味わい，美術を愛好する心情を培い，心豊かな生活を創造していく態度を養う。
	2 内容	A 表現 「思考力，判断力，表現力等」	(1) 表現の活動を通して，次のとおり発想や構想に関する資質・能力を育成する。
			ア 感じ取ったことや考えたことなどを基に，絵や彫刻などに表現する活動を通して，発想や構想に関する次の事項を身に付けることができるよう指導する。
			(ｱ) 対象や事象を見つめ感じ取った形や色彩の特徴や美しさ，想像したことなどを基に主題を生み出し，全体と部分との関係などを考え，創造的な構成を工夫し，心豊かに表現する構想を練ること。
			イ 伝える，使うなどの目的や機能を考え，デザインや工芸などに表現する活動を通して，発想や構想に関する次の事項を身に付けることができるよう指導する。
			(ｱ) 構成や装飾の目的や条件などを基に，対象の特徴や用いる場面などから主題を生み出し，美的感覚を働かせて調和のとれた美しさなどを考え，表現の構想を練ること。
			(ｲ) 伝える目的や条件などを基に，伝える相手や内容などから主題を生み出し，分かりやすさと美しさなどとの調和を考え，表現の構想を練ること。
			(ｳ) 使う目的や条件などを基に，使用する者の気持ち，材料などから主題を生み出し，使いやすさや機能と美しさなどとの調和を考え，表現の構想を練ること。
		「技能」	(2) 表現の活動を通して，次のとおり技能に関する資質・能力を育成する。
			ア 発想や構想をしたことなどを基に，表現する活動を通して，技能に関する次の事項を身に付けることができるよう指導する。
			(ｱ) 材料や用具の生かし方などを身に付け，意図に応じて工夫して表すこと。
			(ｲ) 材料や用具の特性などから制作の順序などを考えながら，見通しをもって表すこと。
		B 鑑賞 「思考力，判断力，表現力等」	(1) 鑑賞の活動を通して，次のとおり鑑賞に関する資質・能力を育成する。
			ア 美術作品などの見方や感じ方を広げる活動を通して，鑑賞に関する次の事項を身に付けることができるよう指導する。
			(ｱ) 造形的なよさや美しさを感じ取り，作者の心情や表現の意図と工夫などについて考えるなどして，見方や感じ方を広げること。
			(ｲ) 目的や機能との調和のとれた美しさなどを感じ取り，作者の心情や表現の意図と工夫などについて考えるなどして，見方や感じ方を広げること。
			イ 生活の中の美術の働きや美術文化についての見方や感じ方を広げる活動を通して，鑑賞に関する次の事項を身に付けることができるよう指導する。
			(ｱ) 身の回りにある自然物や人工物の形や色彩，材料などの造形的な美しさなどを感じ取り，生活を美しく豊かにする美術の働きについて考えるなどして，見方や感じ方を広げること。
			(ｲ) 身近な地域や日本及び諸外国の文化遺産などのよさや美しさなどを感じ取り，美術文化について考えるなどして，見方や感じ方を広げること。
		〔共通事項〕 「知識」	(1) 「A表現」及び「B鑑賞」の指導を通して，次の事項を身に付けることができるよう指導する。
			ア 形や色彩，材料，光などの性質や，それらが感情にもたらす効果などを理解すること。
			イ 造形的な特徴などを基に，全体のイメージや作風などで捉えることを理解すること。
	3 内容の取扱い		(1) 第1学年では，内容に示す各事項の定着を図ることを基本とし，一年間で全ての内容が学習できるように一題材に充てる時間数などについて十分検討すること。
			(2) 「A表現」及び「B鑑賞」の指導に当たっては，発想や構想に関する資質・能力や鑑賞に関する資質・能力を育成する観点から，〔共通事項〕に示す事項を視点に，アイデアスケッチで構想を練ったり，言葉で考えを整理したりすることや，作品などについて説明し合うなどして対象の見方や感じ方を広げるなどの言語活動の充実を図ること。

付録4

や美術文化と豊かに関わる資質・能力を次のとおり育成することを目指す。

造的に表すことができるようにする。

し豊かに発想し構想を練ったり，美術や美術文化に対する見方や感じ方を深めたりすることができるようにする。

生活を創造していく態度を養い，豊かな情操を培う。

〔第2学年及び第3学年〕

(1) 対象や事象を捉える造形的な視点について理解するとともに，意図に応じて自分の表現方法を追求し，創造的に表すことができるようにする。

(2) 自然の造形や美術作品などの造形的なよさや美しさ，表現の意図と創造的な工夫，機能性と洗練された美しさとの調和，美術の働きなどについて独創的・総合的に考え，主題を生み出し豊かに発想し構想を練ったり，美術や美術文化に対する見方や感じ方を深めたりすることができるようにする。

(3) 主体的に美術の活動に取り組み創造活動の喜びを味わい，美術を愛好する心情を深め，心豊かな生活を創造していく態度を養う。

(1) 表現の活動を通して，次のとおり発想や構想に関する資質・能力を育成する。

ア 感じ取ったことや考えたことなどを基に，絵や彫刻などに表現する活動を通して，発想や構想に関する次の事項を身に付けることができるよう指導する。

(ｱ) 対象や事象を深く見つめ感じ取ったことや考えたこと，夢，想像や感情などの心の世界などを基に主題を生み出し，単純化や省略，強調，材料の組合せなどを考え，創造的な構成を工夫し，心豊かに表現する構想を練ること。

イ 伝える，使うなどの目的や機能を考え，デザインや工芸などに表現する活動を通して，発想や構想に関する次の事項を身に付けることができるよう指導する。

(ｱ) 構成や装飾の目的や条件などを基に，用いる場面や環境，社会との関わりなどから主題を生み出し，美的感覚を働かせて調和のとれた洗練された美しさなどを総合的に考え，表現の構想を練ること。

(ｲ) 伝える目的や条件などを基に，伝える相手や内容，社会との関わりなどから主題を生み出し，伝達の効果と美しさなどとの調和を総合的に考え，表現の構想を練ること。

(ｳ) 使う目的や条件などを基に，使用する者の立場，社会との関わり，機知やユーモアなどから主題を生み出し，使いやすさや機能と美しさなどとの調和を総合的に考え，表現の構想を練ること。

(2) 表現の活動を通して，次のとおり技能に関する資質・能力を育成する。

ア 発想や構想をしたことなどを基に，表現する活動を通して，技能に関する次の事項を身に付けることができるよう指導する。

(ｱ) 材料や用具の特性を生かし，意図に応じて自分の表現方法を追求して創造的に表すこと。

(ｲ) 材料や用具，表現方法の特性などから制作の順序などを総合的に考えながら，見通しをもって表すこと。

(1) 鑑賞の活動を通して，次のとおり鑑賞に関する資質・能力を育成する。

ア 美術作品などの見方や感じ方を深める活動を通して，鑑賞に関する次の事項を身に付けることができるよう指導する。

(ｱ) 造形的なよさや美しさを感じ取り，作者の心情や表現の意図と創造的な工夫などについて考えるなどして，美意識を高め，見方や感じ方を深めること。

(ｲ) 目的や機能との調和のとれた洗練された美しさなどを感じ取り，作者の心情や表現の意図と創造的な工夫などについて考えるなどして，美意識を高め，見方や感じ方を深めること。

イ 生活や社会の中の美術の働きや美術文化についての見方や感じ方を深める活動を通して，鑑賞に関する次の事項を身に付けることができるよう指導する。

(ｱ) 身近な環境の中に見られる造形的な美しさなどを感じ取り，安らぎや自然との共生などの視点から生活や社会を美しく豊かにする美術の働きについて考えるなどして，見方や感じ方を深めること。

(ｲ) 日本の美術作品や受け継がれてきた表現の特質などから，伝統や文化のよさや美しさを感じ取り愛情を深めるとともに，諸外国の美術や文化との相違点や共通点に気付き，美術を通した国際理解や美術文化の継承と創造について考えるなどして，見方や感じ方を深めること。

(1) 「A表現」及び「B鑑賞」の指導を通して，次の事項を身に付けることができるよう指導する。

ア 形や色彩，材料，光などの性質や，それらが感情にもたらす効果などを理解すること。

イ 造形的な特徴などを基に，全体のイメージや作風などで捉えることを理解すること。

(1) 第2学年及び第3学年では，第1学年において身に付けた資質・能力を柔軟に活用して，表現及び鑑賞に関する資質・能力をより豊かに高めることを基本とし，第2学年と第3学年の発達の特性を考慮して内容の選択や一題材に充てる時間数などについて十分検討すること。

(2) 「A表現」及び「B鑑賞」の指導に当たっては，発想や構想に関する資質・能力や鑑賞に関する資質・能力を育成する観点から，〔共通事項〕に示す事項を視点に，アイデアスケッチで構想を練ったり，言葉で考えを整理したりすることや，作品などに対する自分の価値意識をもって批評し合うなどして対象の見方や感じ方を深めるなどの言語活動の充実を図ること。

(3) 「B鑑賞」のイの(ｲ)の指導に当たっては，日本の美術の概括的な変遷などを捉えることを通して，各時代における作品の特質，人々の感じ方や考え方，願いなどを感じ取ることができるよう配慮すること。

付録4

指導計画の作成と内容の取扱い

第3　指導計画の作成と内容の取扱い

1　指導計画の作成に当たっては，次の事項に配慮するものとする。

(1) 題材など内容や時間のまとまりを見通して，その中で育む資質・能力の育成に向けて，生徒の主体的・対話的で深い学びの実現を図るようにすること。その際，造形的な見方・考え方を働かせ，表現及び鑑賞に関する資質・能力を相互に関連させた学習の充実を図ること。

(2) 第2の各学年の内容の「A表現」及び「B鑑賞」の指導については相互に関連を図り，特に発想や構想に関する資質・能力と鑑賞に関する資質・能力とを総合的に働かせて学習が深められるようにすること。

(3) 第2の各学年の内容の〔共通事項〕は，表現及び鑑賞の学習において共通に必要となる資質・能力であり，「A表現」及び「B鑑賞」の指導と併せて，十分な指導が行われるよう工夫すること。

(4) 第2の各学年の内容の「A表現」については，(1)のア及びイと，(2)は原則として関連付けて行い，(1)のア及びイそれぞれにおいて描く活動とつくる活動のいずれも経験させるようにすること。その際，第2学年及び第3学年の各学年においては，(1)のア及びイそれぞれにおいて，描く活動とつくる活動のいずれかを選択して扱うことができることとし，2学年間を通して描く活動とつくる活動が調和的に行えるようにすること。

(5) 第2の内容の「B鑑賞」の指導については，各学年とも，各事項において育成を目指す資質・能力の定着が図られるよう，適切かつ十分な授業時数を確保すること。

(6) 障害のある生徒などについては，学習活動を行う場合に生じる困難さに応じた指導内容や指導方法の工夫を計画的，組織的に行うこと。

(7) 第1章総則の第1の2の(2)に示す道徳教育の目標に基づき，道徳科などとの関連を考慮しながら，第3章特別の教科道徳の第2に示す内容について，美術科の特質に応じて適切な指導をすること。

2　第2の内容の取扱いについては，次の事項に配慮するものとする。

(1) 〔共通事項〕の指導に当たっては，生徒が造形を豊かに捉える多様な視点をもてるように，以下の内容について配慮すること。

ア　〔共通事項〕のアの指導に当たっては，造形の要素などに着目して，次の事項を実感的に理解できるようにすること。
　(ｱ) 色彩の色味や明るさ，鮮やかさを捉えること。
　(ｲ) 材料の性質や質感を捉えること。
　(ｳ) 形や色彩，材料，光などから感じる優しさや楽しさ，寂しさなどを捉えること。
　(ｴ) 形や色彩などの組合せによる構成の美しさを捉えること。
　(ｵ) 余白や空間の効果，立体感や遠近感，量感や動勢などを捉えること。

イ　〔共通事項〕のイの指導に当たっては，全体のイメージや作風などに着目して，次の事項を実感的に理解できるようにすること。
　(ｱ) 造形的な特徴などを基に，見立てたり，心情などと関連付けたりして全体のイメージで捉えること。
　(ｲ) 造形的な特徴などを基に，作風や様式などの文化的な視点で捉えること。

(2) 各学年の「A表現」の指導に当たっては，主題を生み出すことから表現の確認及び完成に至る全過程を通して，生徒が夢と目標をもち，自分のよさを発見し喜びをもって自己実現を果たしていく態度の形成を図るようにすること。

(3) 各学年の「A表現」の指導に当たっては，生徒の学習経験や資質・能力，発達の特性等の実態を踏まえ，生徒が自分の表現意図に合う表現形式や技法，材料などを選択し創意工夫して表現できるように，次の事項に配慮すること。

ア　見る力や感じ取る力，考える力，描く力などを育成するために，スケッチの学習を効果的に取り入れるようにすること。

イ　美術の表現の可能性を広げるために，写真・ビデオ・コンピュータ等の映像メディアの積極的な活用を図るようにすること。

ウ　日本及び諸外国の作品の独特な表現形式，漫画やイラストレーション，図などの多様な表現方法を活用できるようにすること。

エ　表現の材料や題材などについては，地域の身近なものや伝統的なものも取り上げるようにすること。

(4) 各活動において，互いのよさや個性などを認め尊重し合うようにすること。

(5) 互いの個性を生かし合い協力して創造する喜びを味わわせるため，適切な機会を選び共同で行う創造活動を経験させること。

(6) 各学年の「B鑑賞」の題材については，国内外の児童生徒の作品，我が国を含むアジアの文化遺産についても取り上げるとともに，美術館や博物館等と連携を図ったり，それらの施設や文化財などを積極的に活用したりするようにすること。

(7) 創造することの価値を捉え，自己や他者の作品などに表れている創造性を尊重する態度の形成を図るとともに，必要に応じて，美術に関する知的財産権や肖像権などについて触れるようにすること。また，こうした態度の形成が，美術文化の継承，発展，創造を支えていることへの理解につながるよう配慮すること。

3　事故防止のため，特に，刃物類，塗料，器具などの使い方の指導と保管，活動場所における安全指導などを徹底するものとする。

4　学校における鑑賞のための環境づくりをするに当たっては，次の事項に配慮するものとする。

(1) 生徒が造形的な視点を豊かにもつことができるよう，生徒や学校の実態に応じて，学校図書館等における鑑賞用図書，映像資料等の活用を図ること。

(2) 生徒が鑑賞に親しむことができるよう，校内の適切な場所に鑑賞作品などを展示するとともに，学校や地域の実態に応じて，校外においても生徒作品などの展示の機会を設けるなどすること。

付録4

小学校学習指導要領 第2章 第7節 図画工作

● 第1 目標

表現及び鑑賞の活動を通して，造形的な見方・考え方を働かせ，生活や社会の中の形や色などと豊かに関わる資質・能力を次のとおり育成することを目指す。

(1) 対象や事象を捉える造形的な視点について自分の感覚や行為を通して理解するとともに，材料や用具を使い，表し方などを工夫して，創造的につくったり表したりすることができるようにする。

(2) 造形的なよさや美しさ，表したいこと，表し方などについて考え，創造的に発想や構想をしたり，作品などに対する自分の見方や感じ方を深めたりすることができるようにする。

(3) つくりだす喜びを味わうとともに，感性を育み，楽しく豊かな生活を創造しようとする態度を養い，豊かな情操を培う。

● 第2 各学年の目標及び内容

〔第1学年及び第2学年〕

1 目標

(1) 対象や事象を捉える造形的な視点について自分の感覚や行為を通して気付くとともに，手や体全体の感覚などを働かせ材料や用具を使い，表し方などを工夫して，創造的につくったり表したりすることができるようにする。

(2) 造形的な面白さや楽しさ，表したいこと，表し方などについて考え，楽しく発想や構想をしたり，身の回りの作品などから自分の見方や感じ方を広げたりすることができるようにする。

(3) 楽しく表現したり鑑賞したりする活動に取り組み，つくりだす喜びを味わうとともに，形や色などに関わり楽しい生活を創造しようとする態度を養う。

2 内容

A 表現

(1) 表現の活動を通して，発想や構想に関する次の事項を身に付けることができるよう指導する。

　ア 造形遊びをする活動を通して，身近な自然物や人工の材料の形や色などを基に造形的な活動を思い付くことや，感覚や気持ちを生かしながら，どのように活動するかについて考えること。

　イ 絵や立体，工作に表す活動を通して，感じたこと，想像したことから，表したいことを見付けることや，好きな形や色を選んだり，いろいろな形や色を考えたりしながら，どのように表すかについて考えること。

(2) 表現の活動を通して，技能に関する次の事項を身に付けることができるよう指導する。

　ア 造形遊びをする活動を通して，身近で扱いやすい材料や用具に十分に慣れるとともに，並べたり，つないだり，積んだりするなど手や体全体の感覚などを働かせ，活動を工夫してつくること。

　イ 絵や立体，工作に表す活動を通して，身近で扱いやすい材料や用具に十分に慣れるとともに，手や体全体の感覚などを働かせ，表したいことを基に表し方を工夫して表すこと。

B 鑑賞

(1) 鑑賞の活動を通して，次の事項を身に付けることができるよう指導する。

　ア 身の回りの作品などを鑑賞する活動を通して，自分たちの作品や身近な材料などの造形的

な面白さや楽しさ，表したいこと，表し方などについて，感じ取ったり考えたりし，自分の見方や感じ方を広げること。

〔共通事項〕
(1) 「A表現」及び「B鑑賞」の指導を通して，次の事項を身に付けることができるよう指導する。
　ア　自分の感覚や行為を通して，形や色などに気付くこと。
　イ　形や色などを基に，自分のイメージをもつこと。

〔第3学年及び第4学年〕
1　目　標
(1) 対象や事象を捉える造形的な視点について自分の感覚や行為を通して分かるとともに，手や体全体を十分に働かせ材料や用具を使い，表し方などを工夫して，創造的につくったり表したりすることができるようにする。
(2) 造形的なよさや面白さ，表したいこと，表し方などについて考え，豊かに発想や構想をしたり，身近にある作品などから自分の見方や感じ方を広げたりすることができるようにする。
(3) 進んで表現したり鑑賞したりする活動に取り組み，つくりだす喜びを味わうとともに，形や色などに関わり楽しく豊かな生活を創造しようとする態度を養う。

2　内　容
A　表　現
(1) 表現の活動を通して，発想や構想に関する次の事項を身に付けることができるよう指導する。
　ア　造形遊びをする活動を通して，身近な材料や場所などを基に造形的な活動を思い付くことや，新しい形や色などを思い付きながら，どのように活動するかについて考えること。
　イ　絵や立体，工作に表す活動を通して，感じたこと，想像したこと，見たことから，表したいことを見付けることや，表したいことや用途などを考え，形や色，材料などを生かしながら，どのように表すかについて考えること。
(2) 表現の活動を通して，技能に関する次の事項を身に付けることができるよう指導する。
　ア　造形遊びをする活動を通して，材料や用具を適切に扱うとともに，前学年までの材料や用具についての経験を生かし，組み合わせたり，切ってつないだり，形を変えたりするなどして，手や体全体を十分に働かせ，活動を工夫してつくること。
　イ　絵や立体，工作に表す活動を通して，材料や用具を適切に扱うとともに，前学年までの材料や用具についての経験を生かし，手や体全体を十分に働かせ，表したいことに合わせて表し方を工夫して表すこと。

B　鑑　賞
(1) 鑑賞の活動を通して，次の事項を身に付けることができるよう指導する。
　ア　身近にある作品などを鑑賞する活動を通して，自分たちの作品や身近な美術作品，製作の過程などの造形的なよさや面白さ，表したいこと，いろいろな表し方などについて，感じ取ったり考えたりし，自分の見方や感じ方を広げること。

〔共通事項〕
(1) 「A表現」及び「B鑑賞」の指導を通して，次の事項を身に付けることができるよう指導する。
　ア　自分の感覚や行為を通して，形や色などの感じが分かること。
　イ　形や色などの感じを基に，自分のイメージをもつこと。

〔第5学年及び第6学年〕
1　目　標
(1) 対象や事象を捉える造形的な視点について自分の感覚や行為を通して理解するとともに，材

料や用具を活用し，表し方などを工夫して，創造的につくったり表したりすることができるようにする。
(2) 造形的なよさや美しさ，表したいこと，表し方などについて考え，創造的に発想や構想をしたり，親しみのある作品などから自分の見方や感じ方を深めたりすることができるようにする。
(3) 主体的に表現したり鑑賞したりする活動に取り組み，つくりだす喜びを味わうとともに，形や色などに関わり楽しく豊かな生活を創造しようとする態度を養う。

2 内容

A 表現
(1) 表現の活動を通して，発想や構想に関する次の事項を身に付けることができるよう指導する。
　ア　造形遊びをする活動を通して，材料や場所，空間などの特徴を基に造形的な活動を思い付くことや，構成したり周囲の様子を考え合わせたりしながら，どのように活動するかについて考えること。
　イ　絵や立体，工作に表す活動を通して，感じたこと，想像したこと，見たこと，伝え合いたいことから，表したいことを見付けることや，形や色，材料の特徴，構成の美しさなどの感じ，用途などを考えながら，どのように主題を表すかについて考えること。
(2) 表現の活動を通して，技能に関する次の事項を身に付けることができるよう指導する。
　ア　造形遊びをする活動を通して，活動に応じて材料や用具を活用するとともに，前学年までの材料や用具についての経験や技能を総合的に生かしたり，方法などを組み合わせたりするなどして，活動を工夫してつくること。
　イ　絵や立体，工作に表す活動を通して，表現方法に応じて材料や用具を活用するとともに，前学年までの材料や用具などについての経験や技能を総合的に生かしたり，表現に適した方法などを組み合わせたりするなどして，表したいことに合わせて表し方を工夫して表すこと。

B 鑑賞
(1) 鑑賞の活動を通して，次の事項を身に付けることができるよう指導する。
　ア　親しみのある作品などを鑑賞する活動を通して，自分たちの作品，我が国や諸外国の親しみのある美術作品，生活の中の造形などの造形的なよさや美しさ，表現の意図や特徴，表し方の変化などについて，感じ取ったり考えたりし，自分の見方や感じ方を深めること。

〔共通事項〕
(1) 「A表現」及び「B鑑賞」の指導を通して，次の事項を身に付けることができるよう指導する。
　ア　自分の感覚や行為を通して，形や色などの造形的な特徴を理解すること。
　イ　形や色などの造形的な特徴を基に，自分のイメージをもつこと。

● 第3　指導計画の作成と内容の取扱い

1 指導計画の作成に当たっては，次の事項に配慮するものとする。
(1) 題材など内容や時間のまとまりを見通して，その中で育む資質・能力の育成に向けて，児童の主体的・対話的で深い学びの実現を図るようにすること。その際，造形的な見方・考え方を働かせ，表現及び鑑賞に関する資質・能力を相互に関連させた学習の充実を図ること。
(2) 第2の各学年の内容の「A表現」及び「B鑑賞」の指導については相互の関連を図るようにすること。ただし，「B鑑賞」の指導については，指導の効果を高めるため必要がある場合には，児童や学校の実態に応じて，独立して行うようにすること。
(3) 第2の各学年の内容の〔共通事項〕は，表現及び鑑賞の学習において共通に必要となる資質・能力であり，「A表現」及び「B鑑賞」の指導と併せて，十分な指導が行われるよう工夫すること。
(4) 第2の各学年の内容の「A表現」については，造形遊びをする活動では，(1)のア及び(2)

のアを,絵や立体,工作に表す活動では,(1)のイ及び(2)のイを関連付けて指導すること。その際,(1)のイ及び(2)のイの指導に配当する授業時数については,工作に表すことの内容に配当する授業時数が,絵や立体に表すことの内容に配当する授業時数とおよそ等しくなるように計画すること。

(5) 第2の各学年の内容の「A表現」の指導については,適宜共同してつくりだす活動を取り上げるようにすること。

(6) 第2の各学年の内容の「B鑑賞」においては,自分たちの作品や美術作品などの特質を踏まえて指導すること。

(7) 低学年においては,第1章総則の第2の4の(1)を踏まえ,他教科等との関連を積極的に図り,指導の効果を高めるようにするとともに,幼稚園教育要領等に示す幼児期の終わりまでに育ってほしい姿との関連を考慮すること。特に,小学校入学当初においては,生活科を中心とした合科的・関連的な指導や,弾力的な時間割の設定を行うなどの工夫をすること。

(8) 障害のある児童などについては,学習活動を行う場合に生じる困難さに応じた指導内容や指導方法の工夫を計画的,組織的に行うこと。

(9) 第1章総則の第1の2の(2)に示す道徳教育の目標に基づき,道徳科などとの関連を考慮しながら,第3章特別の教科道徳の第2に示す内容について,図画工作科の特質に応じて適切な指導をすること。

2 第2の内容の取扱いについては,次の事項に配慮するものとする。

(1) 児童が個性を生かして活動することができるようにするため,学習活動や表現方法などに幅をもたせるようにすること。

(2) 各学年の「A表現」及び「B鑑賞」の指導を通して,児童が〔共通事項〕のアとイとの関わりに気付くようにすること。

(3) 〔共通事項〕のアの指導に当たっては,次の事項に配慮し,必要に応じて,その後の学年で繰り返し取り上げること。

　ア 第1学年及び第2学年においては,いろいろな形や色,触った感じなどを捉えること。

　イ 第3学年及び第4学年においては,形の感じ,色の感じ,それらの組合せによる感じ,色の明るさなどを捉えること。

　ウ 第5学年及び第6学年においては,動き,奥行き,バランス,色の鮮やかさなどを捉えること。

(4) 各学年の「A表現」の指導に当たっては,活動の全過程を通して児童が実現したい思いを大切にしながら活動できるようにし,自分のよさや可能性を見いだし,楽しく豊かな生活を創造しようとする態度を養うようにすること。

(5) 各活動において,互いのよさや個性などを認め尊重し合うようにすること。

(6) 材料や用具については,次のとおり取り扱うこととし,必要に応じて,当該学年より前の学年において初歩的な形で取り上げたり,その後の学年で繰り返し取り上げたりすること。

　ア 第1学年及び第2学年においては,土,粘土,木,紙,クレヨン,パス,はさみ,のり,簡単な小刀類など身近で扱いやすいものを用いること。

　イ 第3学年及び第4学年においては,木切れ,板材,釘,水彩絵の具,小刀,使いやすいのこぎり,金づちなどを用いること。

　ウ 第5学年及び第6学年においては,針金,糸のこぎりなどを用いること。

(7) 各学年の「A表現」の(1)のイ及び(2)のイについては,児童や学校の実態に応じて,児童が工夫して楽しめる程度の版に表す経験や焼成する経験ができるようにすること。

(8) 各学年の「B鑑賞」の指導に当たっては,児童や学校の実態に応じて,地域の美術館などを利用したり,連携を図ったりすること。

(9) 各学年の「A表現」及び「B鑑賞」の指導に当たっては,思考力,判断力,表現力等を育成する観点から,〔共通事項〕に示す事項を視点として,感じたことや思ったこと,考えたことなどを,話したり聞いたり話し合ったりする,言葉で整理するなどの言語活動を充実すること。
 (10) コンピュータ,カメラなどの情報機器を利用することについては,表現や鑑賞の活動で使う用具の一つとして扱うとともに,必要性を十分に検討して利用すること。
 (11) 創造することの価値に気付き,自分たちの作品や美術作品などに表れている創造性を大切にする態度を養うようにすること。また,こうした態度を養うことが,美術文化の継承,発展,創造を支えていることについて理解する素地となるよう配慮すること。
3 造形活動で使用する材料や用具,活動場所については,安全な扱い方について指導する,事前に点検するなどして,事故防止に留意するものとする。
4 校内の適切な場所に作品を展示するなどし,平素の学校生活においてそれを鑑賞できるよう配慮するものとする。また,学校や地域の実態に応じて,校外に児童の作品を展示する機会を設けるなどするものとする。

付録5

教科の目標，各学年の目標及び内容の系統表（小学校図画工作科）

教科の目標，各学年の目標及び内容

第1目標			表現及び鑑賞の活動を通して，造形的な見方・考え方を働かせ，生活や社会の	
		「知識及び技能」	(1) 対象や事象を捉える造形的な視点について自分の感覚や行為を通して理解にする。	
		「思考力，判断力，表現力等」	(2) 造形的なよさや美しさ，表したいこと，表し方などについて考え，創造的	
		「学びに向かう力，人間性等」	(3) つくりだす喜びを味わうとともに，感性を育み，楽しく豊かな生活を創造	
第2 各学年の目標及び内容	1 目標		〔第1学年及び第2学年〕	
		「知識及び技能」	(1) 対象や事象を捉える造形的な視点について自分の感覚や行為を通して気付くとともに，手や体全体の感覚などを働かせ材料や用具を使い，表し方などを工夫して，創造的につくったり表したりすることができるようにする。	(1) 対象や事や行為を通かせ材料やにつくった
		「思考力，判断力，表現力等」	(2) 造形的な面白さや楽しさ，表したいこと，表し方などについて考え，楽しく発想や構想をしたり，身の回りの作品などから自分の見方や感じ方を広げたりすることができるようにする。	(2) 造形的なついて考え，などから自るようにす
		「学びに向かう力，人間性等」	(3) 楽しく表現したり鑑賞したりする活動に取り組み，つくりだす喜びを味わうとともに，形や色などに関わり楽しい生活を創造しようとする態度を養う。	(3) 進んで表くりだす喜しく豊かな
	2 内容	A 表現	「思考力，判断力，表現力等」 (1) 表現の活動を通して，発想や構想に関する次の事項を身に付けることができるよう指導する。	(1) 表現の活身に付ける
			ア 造形遊びをする活動を通して，身近な自然物や人工の材料の形や色などを基に造形的な活動を思い付くことや，感覚や気持ちを生かしながら，どのように活動するかについて考えること。	ア 造形遊びを基に造形どを思い付えること。
			イ 絵や立体，工作に表す活動を通して，感じたこと，想像したことから，表したいことを見付けることや，好きな形や色を選んだり，いろいろな形や色を考えたりしながら，どのように表すかについて考えること。	イ 絵や立体，したこと，や，表したを生かしな
			「技能」 (2) 表現の活動を通して，技能に関する次の事項を身に付けることができるよう指導する。	(2) 表現の活けることが
			ア 造形遊びをする活動を通して，身近で扱いやすい材料や用具に十分に慣れるとともに，並べたり，つないだり，積んだりするなど手や体全体の感覚などを働かせ，活動を工夫してつくること。	ア 造形遊びうとともに，かし，組みりするなど夫してつく
			イ 絵や立体，工作に表す活動を通して，身近で扱いやすい材料や用具に十分に慣れるとともに，手や体全体の感覚などを働かせ，表したいことを基に表し方を工夫して表すこと。	イ 絵や立体，に扱うとと験を生かし，合わせて表
		B 鑑賞	「思考力，判断力，表現力等」 (1) 鑑賞の活動を通して，次の事項を身に付けることができるよう指導する。	(1) 鑑賞の活きるよう指
			ア 身の回りの作品などを鑑賞する活動を通して，自分たちの作品や身近な材料などの造形的な面白さや楽しさ，表したいこと，表し方などについて，感じ取ったり考えたりし，自分の見方や感じ方を広げること。	ア 身近にあちの作品やよさや面白ついて，感を広げるこ
		〔共通事項〕	(1) 「A表現」及び「B鑑賞」の指導を通して，次の事項を身に付けることができるよう指導する。	(1) 「A表現」身に付ける
			「知識」 ア 自分の感覚や行為を通して，形や色などに気付くこと。	ア 自分の感ること。
			「思考力，判断力，表現力等」 イ 形や色などを基に，自分のイメージをもつこと。	イ 形や色な

中の形や色などと豊かに関わる資質・能力を次のとおり育成することを目指す。	
するとともに，材料や用具を使い，表し方などを工夫して，創造的につくったり表したりすることができるよう	
に発想や構想をしたり，作品などに対する自分の見方や感じ方を深めたりすることができるようにする。	
しようとする態度を養い，豊かな情操を培う。	

〔第3学年及び第4学年〕	〔第5学年及び第6学年〕
象を捉える造形的な視点について自分の感覚や行為を通して分かるとともに，手や体全体を十分に働かせ，材料や用具を使い，表し方などを工夫して，創造的につくったり表したりすることができるようにする。	(1) 対象や事象を捉える造形的な視点について自分の感覚や行為を通して理解するとともに，材料や用具を活用し，表し方などを工夫して，創造的につくったり表したりすることができるようにする。
よさや面白さ，表したいこと，表し方などに豊かに発想や構想をしたり，身近にある作品などから自分の見方や感じ方を広げたりすることができるようにする。	(2) 造形的なよさや美しさ，表したいこと，表し方などについて考え，創造的に発想や構想をしたり，親しみのある作品などから自分の見方や感じ方を深めたりすることができるようにする。
現したり鑑賞したりする活動に取り組み，つくりだす喜びを味わうとともに，形や色などに関わり楽しく生活を創造しようとする態度を養う。	(3) 主体的に表現したり鑑賞したりする活動に取り組み，つくりだす喜びを味わうとともに，形や色などに関わり楽しく豊かな生活を創造しようとする態度を養う。
動を通して，発想や構想に関する次の事項を身に付けることができるよう指導する。	(1) 表現の活動を通して，発想や構想に関する次の事項を身に付けることができるよう指導する。
をする活動を通して，身近な材料や場所などを基に造形的な活動を思い付くことや，新しい形や色などをつくりながら，どのように活動するかについて考えること。	ア 造形遊びをする活動を通して，材料や場所，空間などの特徴を基に造形的な活動を思い付くことや，構成したり周囲の様子を考え合わせたりしながら，どのように活動するかについて考えること。
工作に表す活動を通して，感じたこと，想像したこと，見たことから，表したいことを見付けることや用途などを考え，形や色，材料などを生かしながら，どのように表すかについて考えること。	イ 絵や立体，工作に表す活動を通して，感じたこと，想像したこと，見たこと，伝え合いたいことから，表したいことを見付けることや，形や色，材料の特徴，構成の美しさなどの感じ，用途などを考えながら，どのように主題を表すかについて考えること。
動を通して，技能に関する次の事項を身に付けることができるよう指導する。	(2) 表現の活動を通して，技能に関する次の事項を身に付けることができるよう指導する。
をする活動を通して，材料や用具を適切に扱うとともに，前学年までの材料や用具についての経験を生かし，組み合わせたり，切ってつないだり，形を変えたりするなどして，手や体全体を十分に働かせ，活動を工夫してつくること。	ア 造形遊びをする活動を通して，活動に応じて材料や用具を活用するとともに，前学年までの材料や用具についての経験や技能を総合的に生かしたり，方法などを組み合わせたりするなどして，活動を工夫してつくること。
工作に表す活動を通して，材料や用具を適切に扱うとともに，前学年までの材料や用具についての経験を生かし，手や体全体を十分に働かせ，表したいことに合わせて表し方を工夫して表すこと。	イ 絵や立体，工作に表す活動を通して，表現方法に応じて材料や用具を活用するとともに，前学年までの材料や用具などについての経験や技能を総合的に生かしたり，表現に適した方法などを組み合わせたりするなどして，表したいことに合わせて表し方を工夫して表すこと。
動を通して，次の事項を身に付けることができるよう指導する。	(1) 鑑賞の活動を通して，次の事項を身に付けることができるよう指導する。
る作品などを鑑賞する活動を通して，自分たちの作品や身近な美術作品，製作の過程などの造形的なよさや面白さ，表したいこと，いろいろな表し方などに感じ取ったり考えたりし，自分の見方や感じ方を広げること。	ア 親しみのある作品などを鑑賞する活動を通して，自分たちの作品，我が国や諸外国の親しみのある美術作品，生活の中の造形などの造形的なよさや美しさ，表現の意図や特徴，表し方の変化などについて，感じ取ったり考えたりし，自分の見方や感じ方を深めること。
及び「B鑑賞」の指導を通して，次の事項を身に付けることができるよう指導する。	(1) 「A表現」及び「B鑑賞」の指導を通して，次の事項を身に付けることができるよう指導する。
覚や行為を通して，形や色などの感じが分かること。	ア 自分の感覚や行為を通して，形や色などの造形的な特徴を理解すること。
どの感じを基に，自分のイメージをもつこと。	イ 形や色などの造形的な特徴を基に，自分のイメージをもつこと。

付録6

指導計画の作成と内容の取扱い

第3 指導計画の作成と内容の取扱い
1 指導計画の作成に当たっては，次の事項に配慮するものとする。
(1) 題材など内容や時間のまとまりを見通して，その中で育む資質・能力の育成に向けて，児童の主体的・対話的で深い学びの実現を図るようにすること。その際，造形的な見方・考え方を働かせ，表現及び鑑賞に関する資質・能力を相互に関連させた学習の充実を図ること。
(2) 第2の各学年の内容の「A表現」及び「B鑑賞」の指導については相互の関連を図るようにすること。ただし，「B鑑賞」の指導については，指導の効果を高めるため必要がある場合には，児童や学校の実態に応じて，独立して行うようにすること。
(3) 第2の各学年の内容の〔共通事項〕は，表現及び鑑賞の学習において共通に必要となる資質・能力であり，「A表現」及び「B鑑賞」の指導と併せて，十分な指導が行われるよう工夫すること。
(4) 第2の各学年の内容の「A表現」については，造形遊びをする活動では，(1)のア及び(2)のアを，絵や立体，工作に表す活動では，(1)のイ及び(2)のイを関連付けて指導すること。その際，(1)のイ及び(2)のイの指導に配当する授業時数については，工作に表すことの内容に配当する授業時数が，絵や立体に表すことの内容に配当する授業時数とおよそ等しくなるように計画すること。
(5) 第2の各学年の内容の「A表現」の指導については，適宜共同してつくりだす活動を取り上げるようにすること。
(6) 第2の各学年の内容の「B鑑賞」においては，自分たちの作品や美術作品などの特質を踏まえて指導すること。
(7) 低学年においては，第1章総則の第2の4の(1)を踏まえ，他教科等との関連を積極的に図り，指導の効果を高めるようにするとともに，幼稚園教育要領等に示す幼児期の終わりまでに育ってほしい姿との関連を考慮すること。特に，小学校入学当初においては，生活科を中心とした合科的・関連的な指導や，弾力的な時間割の設定を行うなどの工夫をすること。
(8) 障害のある児童などについては，学習活動を行う場合に生じる困難さに応じた指導内容や指導方法の工夫を計画的，組織的に行うこと。
(9) 第1章総則の第1の2の(2)に示す道徳教育の目標に基づき，道徳科などとの関連を考慮しながら，第3章特別の教科道徳の第2に示す内容について，図画工作科の特質に応じて適切な指導をすること。
2 第2の内容の取扱いについては，次の事項に配慮するものとする。
(1) 児童が個性を生かして活動することができるようにするため，学習活動や表現方法などに幅をもたせるようにすること。
(2) 各学年の「A表現」及び「B鑑賞」の指導を通して，児童が〔共通事項〕のアとイとの関わりに気付くようにすること。
(3) 〔共通事項〕のアの指導に当たっては，次の事項に配慮し，必要に応じて，その後の学年で繰り返し取り上げること。 ア 第1学年及び第2学年においては，いろいろな形や色，触った感じなどを捉えること。 イ 第3学年及び第4学年においては，形の感じ，色の感じ，それらの組合せによる感じ，色の明るさなどを捉えること。 ウ 第5学年及び第6学年においては，動き，奥行き，バランス，色の鮮やかさなどを捉えること。
(4) 各学年の「A表現」の指導に当たっては，活動の全過程を通して児童が実現したい思いを大切にしながら活動できるようにし，自分のよさや可能性を見いだし，楽しく豊かな生活を創造しようとする態度を養うようにすること。
(5) 各活動において，互いのよさや個性などを認め尊重し合うようにすること。
(6) 材料や用具については，次のとおり取り扱うこととし，必要に応じて，当該学年より前の学年において初歩的な形で取り上げたり，その後の学年で繰り返し取り上げたりすること。 ア 第1学年及び第2学年においては，土，粘土，木，紙，クレヨン，パス，はさみ，のり，簡単な小刀類など身近で扱いやすいものを用いること。 イ 第3学年及び第4学年においては，木切れ，板材，釘，水彩絵の具，小刀，使いやすいのこぎり，金づちなどを用いること。 ウ 第5学年及び第6学年においては，針金，糸のこぎりなどを用いること。
(7) 各学年の「A表現」の(1)のイ及び(2)のイについては，児童や学校の実態に応じて，児童が工夫して楽しめる程度の版に表す経験や焼成する経験ができるようにすること。
(8) 各学年の「B鑑賞」の指導に当たっては，児童や学校の実態に応じて，地域の美術館などを利用したり，連携を図ったりすること。
(9) 各学年の「A表現」及び「B鑑賞」の指導に当たっては，思考力，判断力，表現力等を育成する観点から，〔共通事項〕に示す事項を視点として，感じたことや思ったこと，考えたことなどを，話したり聞いたり話し合ったりする，言葉で整理するなどの言語活動を充実すること。
(10) コンピュータ，カメラなどの情報機器を利用することについては，表現や鑑賞の活動で使う用具の一つとして扱うとともに，必要性を十分に検討して利用すること。
(11) 創造することの価値に気付き，自分たちの作品や美術作品などに表れている創造性を大切にする態度を養うようにすること。また，こうした態度を養うことが，美術文化の継承，発展，創造を支えていることについて理解する素地となるよう配慮すること。
3 造形活動で使用する材料や用具，活動場所については，安全な扱い方について指導する，事前に点検するなどして，事故防止に留意するものとする。
4 校内の適切な場所に作品を展示するなどし，平素の学校生活においてそれを鑑賞できるよう配慮するものとする。また，学校や地域の実態に応じて，校外に児童の作品を展示する機会を設けるなどするものとする。

中学校学習指導要領　第3章　特別の教科　道徳

● 第1　目標

第1章総則の第1の2の(2)に示す道徳教育の目標に基づき，よりよく生きるための基盤となる道徳性を養うため，道徳的諸価値についての理解を基に，自己を見つめ，物事を広い視野から多面的・多角的に考え，人間としての生き方についての考えを深める学習を通して，道徳的な判断力，心情，実践意欲と態度を育てる。

● 第2　内容

学校の教育活動全体を通じて行う道徳教育の要である道徳科においては，以下に示す項目について扱う。

A　主として自分自身に関すること

［自主，自律，自由と責任］
　自律の精神を重んじ，自主的に考え，判断し，誠実に実行してその結果に責任をもつこと。

［節度，節制］
　望ましい生活習慣を身に付け，心身の健康の増進を図り，節度を守り節制に心掛け，安全で調和のある生活をすること。

［向上心，個性の伸長］
　自己を見つめ，自己の向上を図るとともに，個性を伸ばして充実した生き方を追求すること。

［希望と勇気，克己と強い意志］
　より高い目標を設定し，その達成を目指し，希望と勇気をもち，困難や失敗を乗り越えて着実にやり遂げること。

［真理の探究，創造］
　真実を大切にし，真理を探究して新しいものを生み出そうと努めること。

B　主として人との関わりに関すること

［思いやり，感謝］
　思いやりの心をもって人と接するとともに，家族などの支えや多くの人々の善意により日々の生活や現在の自分があることに感謝し，進んでそれに応え，人間愛の精神を深めること。

［礼儀］
　礼儀の意義を理解し，時と場に応じた適切な言動をとること。

［友情，信頼］
　友情の尊さを理解して心から信頼できる友達をもち，互いに励まし合い，高め合うとともに，異性についての理解を深め，悩みや葛藤も経験しながら人間関係を深めていくこと。

［相互理解，寛容］
　自分の考えや意見を相手に伝えるとともに，それぞれの個性や立場を尊重し，いろいろなものの見方や考え方があることを理解し，寛容の心をもって謙虚に他に学び，自らを高めていくこと。

C　主として集団や社会との関わりに関すること

［遵法精神，公徳心］
　法やきまりの意義を理解し，それらを進んで守るとともに，そのよりよい在り方について考え，自他の権利を大切にし，義務を果たして，規律ある安定した社会の実現に努めること。

[公正，公平，社会正義]
　正義と公正さを重んじ，誰に対しても公平に接し，差別や偏見のない社会の実現に努めること。
[社会参画，公共の精神]
　社会参画の意識と社会連帯の自覚を高め，公共の精神をもってよりよい社会の実現に努めること。
[勤労]
　勤労の尊さや意義を理解し，将来の生き方について考えを深め，勤労を通じて社会に貢献すること。
[家族愛，家庭生活の充実]
　父母，祖父母を敬愛し，家族の一員としての自覚をもって充実した家庭生活を築くこと。
[よりよい学校生活，集団生活の充実]
　教師や学校の人々を敬愛し，学級や学校の一員としての自覚をもち，協力し合ってよりよい校風をつくるとともに，様々な集団の意義や集団の中での自分の役割と責任を自覚して集団生活の充実に努めること。
[郷土の伝統と文化の尊重，郷土を愛する態度]
　郷土の伝統と文化を大切にし，社会に尽くした先人や高齢者に尊敬の念を深め，地域社会の一員としての自覚をもって郷土を愛し，進んで郷土の発展に努めること。
[我が国の伝統と文化の尊重，国を愛する態度]
　優れた伝統の継承と新しい文化の創造に貢献するとともに，日本人としての自覚をもって国を愛し，国家及び社会の形成者として，その発展に努めること。
[国際理解，国際貢献]
　世界の中の日本人としての自覚をもち，他国を尊重し，国際的視野に立って，世界の平和と人類の発展に寄与すること。

D　主として生命や自然，崇高なものとの関わりに関すること
[生命の尊さ]
　生命の尊さについて，その連続性や有限性なども含めて理解し，かけがえのない生命を尊重すること。
[自然愛護]
　自然の崇高さを知り，自然環境を大切にすることの意義を理解し，進んで自然の愛護に努めること。
[感動，畏敬の念]
　美しいものや気高いものに感動する心をもち，人間の力を超えたものに対する畏敬の念を深めること。
[よりよく生きる喜び]
　人間には自らの弱さや醜さを克服する強さや気高く生きようとする心があることを理解し，人間として生きることに喜びを見いだすこと。

第3　指導計画の作成と内容の取扱い

1　各学校においては，道徳教育の全体計画に基づき，各教科，総合的な学習の時間及び特別活動との関連を考慮しながら，道徳科の年間指導計画を作成するものとする。なお，作成に当たっては，第2に示す内容項目について，各学年において全て取り上げることとする。その際，生徒や学校の実態に応じ，3学年間を見通した重点的な指導や内容項目間の関連を密にした指導，一つの内容項目を複数の時間で扱う指導を取り入れるなどの工夫を行うものとする。
2　第2の内容の指導に当たっては，次の事項に配慮するものとする。
　(1)　学級担任の教師が行うことを原則とするが，校長や教頭などの参加，他の教師との協力的な

指導などについて工夫し，道徳教育推進教師を中心とした指導体制を充実すること。
(2) 道徳科が学校の教育活動全体を通じて行う道徳教育の要としての役割を果たすことができるよう，計画的・発展的な指導を行うこと。特に，各教科，総合的な学習の時間及び特別活動における道徳教育としては取り扱う機会が十分でない内容項目に関わる指導を補うことや，生徒や学校の実態等を踏まえて指導をより一層深めること，内容項目の相互の関連を捉え直したり発展させたりすることに留意すること。
(3) 生徒が自ら道徳性を養う中で，自らを振り返って成長を実感したり，これからの課題や目標を見付けたりすることができるよう工夫すること。その際，道徳性を養うことの意義について，生徒自らが考え，理解し，主体的に学習に取り組むことができるようにすること。また，発達の段階を考慮し，人間としての弱さを認めながら，それを乗り越えてよりよく生きようとすることのよさについて，教師が生徒と共に考える姿勢を大切にすること。
(4) 生徒が多様な感じ方や考え方に接する中で，考えを深め，判断し，表現する力などを育むことができるよう，自分の考えを基に討論したり書いたりするなどの言語活動を充実すること。その際，様々な価値観について多面的・多角的な視点から振り返って考える機会を設けるとともに，生徒が多様な見方や考え方に接しながら，更に新しい見方や考え方を生み出していくことができるよう留意すること。
(5) 生徒の発達の段階や特性等を考慮し，指導のねらいに即して，問題解決的な学習，道徳的行為に関する体験的な学習等を適切に取り入れるなど，指導方法を工夫すること。その際，それらの活動を通じて学んだ内容の意義などについて考えることができるようにすること。また，特別活動等における多様な実践活動や体験活動も道徳科の授業に生かすようにすること。
(6) 生徒の発達の段階や特性等を考慮し，第2に示す内容との関連を踏まえつつ，情報モラルに関する指導を充実すること。また，例えば，科学技術の発展と生命倫理との関係や社会の持続可能な発展などの現代的な課題の取扱いにも留意し，身近な社会的課題を自分との関係において考え，その解決に向けて取り組もうとする意欲や態度を育てるよう努めること。なお，多様な見方や考え方のできる事柄について，特定の見方や考え方に偏った指導を行うことのないようにすること。
(7) 道徳科の授業を公開したり，授業の実施や地域教材の開発や活用などに家庭や地域の人々，各分野の専門家等の積極的な参加や協力を得たりするなど，家庭や地域社会との共通理解を深め，相互の連携を図ること。
3 教材については，次の事項に留意するものとする。
(1) 生徒の発達の段階や特性，地域の実情等を考慮し，多様な教材の活用に努めること。特に，生命の尊厳，社会参画，自然，伝統と文化，先人の伝記，スポーツ，情報化への対応等の現代的な課題などを題材とし，生徒が問題意識をもって多面的・多角的に考えたり，感動を覚えたりするような充実した教材の開発や活用を行うこと。
(2) 教材については，教育基本法や学校教育法その他の法令に従い，次の観点に照らし適切と判断されるものであること。
　ア 生徒の発達の段階に即し，ねらいを達成するのにふさわしいものであること。
　イ 人間尊重の精神にかなうものであって，悩みや葛藤等の心の揺れ，人間関係の理解等の課題も含め，生徒が深く考えることができ，人間としてよりよく生きる喜びや勇気を与えられるものであること。
　ウ 多様な見方や考え方のできる事柄を取り扱う場合には，特定の見方や考え方に偏った取扱いがなされていないものであること。
4 生徒の学習状況や道徳性に係る成長の様子を継続的に把握し，指導に生かすよう努める必要がある。ただし，数値などによる評価は行わないものとする。

付録7

「道徳の内容」の学年段階・学校段階の一覧表

	小学校第1学年及び第2学年 (19)	小学校第3学年及び第4学年 (20)
A 主として自分自身に関すること		
善悪の判断,自律,自由と責任	(1) よいことと悪いこととの区別をし,よいと思うことを進んで行うこと。	(1) 正しいと判断したことは,自信をもって行うこと。
正直,誠実	(2) うそをついたりごまかしをしたりしないで,素直に伸び伸びと生活すること。	(2) 過ちは素直に改め,正直に明るい心で生活すること。
節度,節制	(3) 健康や安全に気を付け,物や金銭を大切にし,身の回りを整え,わがままをしないで,規則正しい生活をすること。	(3) 自分でできることは自分でやり,安全に気を付け,よく考えて行動し,節度のある生活をすること。
個性の伸長	(4) 自分の特徴に気付くこと。	(4) 自分の特徴に気付き,長所を伸ばすこと。
希望と勇気,努力と強い意志	(5) 自分のやるべき勉強や仕事をしっかりと行うこと。	(5) 自分でやろうと決めた目標に向かって,強い意志をもち,粘り強くやり抜くこと。
真理の探究		
B 主として人との関わりに関すること		
親切,思いやり	(6) 身近にいる人に温かい心で接し,親切にすること。	(6) 相手のことを思いやり,進んで親切にすること。
感謝	(7) 家族など日頃世話になっている人々に感謝すること。	(7) 家族など生活を支えてくれている人々や現在の生活を築いてくれた高齢者に,尊敬と感謝の気持ちをもって接すること。
礼儀	(8) 気持ちのよい挨拶,言葉遣い,動作などに心掛けて,明るく接すること。	(8) 礼儀の大切さを知り,誰に対しても真心をもって接すること。
友情,信頼	(9) 友達と仲よくし,助け合うこと。	(9) 友達と互いに理解し,信頼し,助け合うこと。
相互理解,寛容		(10) 自分の考えや意見を相手に伝えるとともに,相手のことを理解し,自分と異なる意見も大切にすること。
C 主として集団や社会との関わりに関すること		
規則の尊重	(10) 約束やきまりを守り,みんなが使う物を大切にすること。	(11) 約束や社会のきまりの意義を理解し,それらを守ること。
公正,公平,社会正義	(11) 自分の好き嫌いにとらわれないで接すること。	(12) 誰に対しても分け隔てをせず,公正,公平な態度で接すること。
勤労,公共の精神	(12) 働くことのよさを知り,みんなのために働くこと。	(13) 働くことの大切さを知り,進んでみんなのために働くこと。
家族愛,家庭生活の充実	(13) 父母,祖父母を敬愛し,進んで家の手伝いなどをして,家族の役に立つこと。	(14) 父母,祖父母を敬愛し,家族みんなで協力し合って楽しい家庭をつくること。
よりよい学校生活,集団生活の充実	(14) 先生を敬愛し,学校の人々に親しんで,学級や学校の生活を楽しくすること。	(15) 先生や学校の人々を敬愛し,みんなで協力し合って楽しい学級や学校をつくること。
伝統と文化の尊重,国や郷土を愛する態度	(15) 我が国や郷土の文化と生活に親しみ,愛着をもつこと。	(16) 我が国や郷土の伝統と文化を大切にし,国や郷土を愛する心をもつこと。
国際理解,国際親善	(16) 他国の人々や文化に親しむこと。	(17) 他国の人々や文化に親しみ,関心をもつこと。
D 主として生命や自然,崇高なものとの関わりに関すること		
生命の尊さ	(17) 生きることのすばらしさを知り,生命を大切にすること。	(18) 生命の尊さを知り,生命あるものを大切にすること。
自然愛護	(18) 身近な自然に親しみ,動植物に優しい心で接すること。	(19) 自然のすばらしさや不思議さを感じ取り,自然や動植物を大切にすること。
感動,畏敬の念	(19) 美しいものに触れ,すがすがしい心をもつこと。	(20) 美しいものや気高いものに感動する心をもつこと。
よりよく生きる喜び		

付録8

小学校第5学年及び第6学年（22）	中学校（22）	
(1) 自由を大切にし，自律的に判断し，責任のある行動をすること。 (2) 誠実に，明るい心で生活すること。	(1) 自律の精神を重んじ，自主的に考え，判断し，誠実に実行してその結果に責任をもつこと。	自主，自律，自由と責任
(3) 安全に気を付けることや，生活習慣の大切さについて理解し，自分の生活を見直し，節度を守り節制に心掛けること。	(2) 望ましい生活習慣を身に付け，心身の健康の増進を図り，節度を守り節制に心掛け，安全で調和のある生活をすること。	節度，節制
(4) 自分の特徴を知って，短所を改め長所を伸ばすこと。	(3) 自己を見つめ，自己の向上を図るとともに，個性を伸ばして充実した生き方を追求すること。	向上心，個性の伸長
(5) より高い目標を立て，希望と勇気をもち，困難があってもくじけずに努力して物事をやり抜くこと。	(4) より高い目標を設定し，その達成を目指し，希望と勇気をもち，困難や失敗を乗り越えて着実にやり遂げること。	希望と勇気，克己と強い意志
(6) 真理を大切にし，物事を探究しようとする心をもつこと。	(5) 真実を大切にし，真理を探究して新しいものを生み出そうと努めること。	真理の探究，創造
(7) 誰に対しても思いやりの心をもち，相手の立場に立って親切にすること。 (8) 日々の生活が家族や過去からの多くの人々の支え合いや助け合いで成り立っていることに感謝し，それに応えること。	(6) 思いやりの心をもって人と接するとともに，家族などの支えや多くの人々の善意により日々の生活や現在の自分があることに感謝し，進んでそれに応え，人間愛の精神を深めること。	思いやり，感謝
(9) 時と場をわきまえて，礼儀正しく真心をもって接すること。	(7) 礼儀の意義を理解し，時と場に応じた適切な言動をとること。	礼儀
(10) 友達と互いに信頼し，学び合って友情を深め，異性についても理解しながら，人間関係を築いていくこと。	(8) 友情の尊さを理解して心から信頼できる友達をもち，互いに励まし合い，高め合うとともに，異性についての理解を深め，悩みや葛藤も経験しながら人間関係を深めていくこと。	友情，信頼
(11) 自分の考えや意見を相手に伝えるとともに，謙虚な心をもち，広い心で自分と異なる意見や立場を尊重すること。	(9) 自分の考えや意見を相手に伝えるとともに，それぞれの個性や立場を尊重し，いろいろなものの見方や考え方があることを理解し，寛容の心をもって謙虚に他に学び，自らを高めていくこと。	相互理解，寛容
(12) 法やきまりの意義を理解した上で進んでそれらを守り，自他の権利を大切にし，義務を果たすこと。	(10) 法やきまりの意義を理解し，それらを進んで守るとともに，そのよりよい在り方について考え，自他の権利を大切にし，義務を果たして，規律ある安定した社会の実現に努めること。	遵法精神，公徳心
(13) 誰に対しても差別をすることや偏見をもつことなく，公正，公平な態度で接し，正義の実現に努めること。	(11) 正義と公正さを重んじ，誰に対しても公平に接し，差別や偏見のない社会の実現に努めること。	公正，公平，社会正義
(14) 働くことや社会に奉仕することの充実感を味わうとともに，その意義を理解し，公共のために役に立つことをすること。	(12) 社会参画の意識と社会連帯の自覚を高め，公共の精神をもってよりよい社会の実現に努めること。	社会参画，公共の精神
	(13) 勤労の尊さや意義を理解し，将来の生き方について考えを深め，勤労を通じて社会に貢献すること。	勤労
(15) 父母，祖父母を敬愛し，家族の幸せを求めて，進んで役に立つことをすること。	(14) 父母，祖父母を敬愛し，家族の一員としての自覚をもって充実した家庭生活を築くこと。	家族愛，家庭生活の充実
(16) 先生や学校の人々を敬愛し，みんなで協力し合ってよりよい学級や学校をつくるとともに，様々な集団の中での自分の役割を自覚して集団生活の充実に努めること。	(15) 教師や学校の人々を敬愛し，学級や学校の一員としての自覚をもち，協力し合ってよりよい校風をつくるとともに，様々な集団の意義や集団の中での自分の役割と責任を自覚して集団生活の充実に努めること。	よりよい学校生活，集団生活の充実
(17) 我が国や郷土の伝統と文化を大切にし，先人の努力を知り，国や郷土を愛する心をもつこと。	(16) 郷土の伝統と文化を大切にし，社会に尽くした先人や高齢者に尊敬の念を深め，地域社会の一員としての自覚をもって郷土を愛し，進んで郷土の発展に努めること。	郷土の伝統と文化の尊重，郷土を愛する態度
	(17) 優れた伝統の継承と新しい文化の創造に貢献するとともに，日本人としての自覚をもって国を愛し，国家及び社会の形成者として，その発展に努めること。	我が国の伝統と文化の尊重，国を愛する態度
(18) 他国の人々や文化について理解し，日本人としての自覚をもって国際親善に努めること。	(18) 世界の中の日本人としての自覚をもち，他国を尊重し，国際的視野に立って，世界の平和と人類の発展に寄与すること。	国際理解，国際貢献
(19) 生命が多くの生命のつながりの中にあるかけがえのないものであることを理解し，生命を尊重すること。	(19) 生命の尊さについて，その連続性や有限性なども含めて理解し，かけがえのない生命を尊重すること。	生命の尊さ
(20) 自然の偉大さを知り，自然環境を大切にすること。	(20) 自然の崇高さを知り，自然環境を大切にすることの意義を理解し，進んで自然の愛護に努めること。	自然愛護
(21) 美しいものや気高いものに感動する心や人間の力を超えたものに対する畏敬の念をもつこと。	(21) 美しいものや気高いものに感動する心をもち，人間の力を超えたものに対する畏敬の念を深めること。	感動，畏敬の念
(22) よりよく生きようとする人間の強さや気高さを理解し，人間として生きる喜びを感じること。	(22) 人間には自らの弱さや醜さを克服する強さや気高く生きようとする心があることを理解し，人間として生きることに喜びを見いだすこと。	よりよく生きる喜び

付録8

学習指導要領等の改善に係る検討に必要な専門的作業等協力者(五十音順)

(職名は平成29年6月現在)

内 田 隆 寿	京都府京都市立西ノ京中学校長
沓 掛 　 隆	長野県安曇野市立豊科南中学校教頭
小 池 研 二	横浜国立大学准教授
佐々木 俊 江	岩手県盛岡市立下橋中学校指導教諭
竹 内 晋 平	奈良教育大学准教授
舘 内 　 徹	北海道札幌市立西岡中学校教諭
中 村 一 哉	元東京都府中市立府中第五中学校長
林 　 光 孝	福岡県北九州市立菅生中学校教頭
人 見 和 宏	滋賀県大津市教育委員会学校教育課課長補佐
平 田 朝 一	岡山県総合教育センター指導主事
広 田 郁 世	日本画家,人形劇団 mao company 代表
福 本 謹 一	兵庫教育大学理事・副学長
三 澤 一 実	武蔵野美術大学教授
道 越 洋 美	静岡県教育委員会静西教育事務所教育主査
村 上 尚 徳	環太平洋大学副学長
山 田 晋 治	埼玉県教育委員会南部教育事務所長

なお,文部科学省においては,次の者が本書の編集に当たった。

合 田 哲 雄	初等中等教育局教育課程課長
平 野 　 誠	大臣官房教育改革調整官
小 林 　 努	初等中等教育局教育課程課課長補佐
東 良 雅 人	初等中等教育局教育課程課教科調査官

中学校学習指導要領(平成29年告示)解説　美術編

MEXT 1-1722

平成 30 年 3 月 30 日	初版発行
平成 30 年 4 月 10 日	二版発行

著作権所有　　　　文部科学省

発　行　者
大阪市住吉区南住吉4−7−5
日本文教出版株式会社
代表者　佐々木秀樹

印　刷　者
広島県呉市広白石1−2−34
株式会社　ユニックス

発　行　所
大阪市住吉区南住吉4−7−5
日本文教出版株式会社
電　話　　06−6692−1261

定価　本体115円+税